あなたの心に聞きなさい

如何保持内心的坚定与强大

[日] 高桥惠 /著　黄恂恂 /译

清华大学出版社
北京

北京市版权局著作权合同登记号　图字：01-2024-2601
ANATA NO KOKORO NI KIKINASAI
Copyright © 2019 Megumi Takahashi
Chinese translation rights simplified characters arranged with SUBARUSYA CORPORATION through Japan UNI Agency, Inc., Tokyo

本书封面贴有清华大学出版社防伪标签，无标签者不得销售。

版权所有，侵权必究。举报：010-62782989，beiqinquan@tup.tsinghua.edu.cn。

图书在版编目（CIP）数据

从心：如何保持内心的坚定与强大 /（日）高桥惠著；黄恂恂译 . — 北京：清华大学出版社，2024.5
ISBN 978-7-302-66308-9

Ⅰ．①从… Ⅱ．①高… ②黄… Ⅲ．①成功心理－通俗读物 Ⅳ．① B848.4-49

中国国家版本馆 CIP 数据核字 (2024) 第 098051 号

责任编辑：宋冬雪
封面设计：青牛文化
责任校对：王荣静
责任印制：宋　林

出版发行：清华大学出版社
　　　　网　　址：https://www.tup.com.cn，https://www.wqxuetang.com
　　　　地　　址：北京清华大学学研大厦 A 座　　邮　　编：100084
　　　　社 总 机：010-83470000　　邮　　购：010-62786544
　　　　投稿与读者服务：010-62776969，c-service@tup.tsinghua.edu.cn
　　　　质 量 反 馈：010-62772015，zhiliang@tup.tsinghua.edu.cn
印 装 者：天津鑫丰华印务有限公司
经　　销：全国新华书店
开　　本：130mm×185mm　　**印　　张**：6.5　　**字　　数**：91 千字
版　　次：2024 年 6 月第 1 版　　**印　　次**：2024 年 6 月第 1 次印刷
定　　价：49.00 元

产品编号：104555-01

作者中文版序

亲爱的中国读者朋友,感谢你拿起这本书。我从小就被母亲灌输了中国古书《后汉书》中的一句话:"天知,地知,你知我知",意思是,无论早晚,做错事总是会被发现的。正是这句话成就了我,让我一生从来都能不动摇地坚持做正确的事情。我经历了一次失败的婚姻,后来,我又与我的中国丈夫再婚。我相信,铭刻在我生命中的处世之道是跨越文化的,也必将成为中国读者朋友的希望之源。

如果你能通过这本书学会倾听自己的心声,自然会看清自己的人生之路。请感受内心的勇气与激情,通往未来的大门定会为你开启。当你遇到困难时,请你想想我书中的话。如果你来日本,欢迎来找我。未来如果我有机会到中国,也欢迎你来看我。希望这本书能够陪伴你左右,期待我们有缘相见。

高桥惠
2024 年 5 月

译者序

像鸟儿一样自由自在地生活，这何尝不是我们每个人心中的向往？然而骨感的现实充满各种各样的束缚，就连本书作者，日本著名上市公关公司 SUNNY SIDE UP 共同创始人高桥惠的人生也不例外。

惠女士出生在战乱的年代，战争让她失去了父亲，年幼时母亲迫于生计把她寄养在外。寄人篱下的生活里她学会了隐忍。成年后的她，凭借自身天生阳光的性格摆脱了成长过程中的阴霾，在广告公司大显身手，成为销售冠军。后经过一段办公室恋情，结婚生子成为全职太太，进入家庭。所有一切水到渠成，所有人都以为她的人生从此会一帆风顺。

然而，天有不测风云。40岁出头的她经历了离婚，一下子没有了经济来源。为了养活两个女儿，她跟正在读高中的大女儿一同创业。从一间只能放得下两张桌子的办公室做起，用心去打动每一位潜在客户，成就了如今在亚洲名列前茅的公关公司，包括日本前职业足球运动员中田英寿、日本著名偶像组合 HKT48 等都是她们的客户。

惠女士的这本书，浓缩了她人生 80 余载每个阶段的感悟和智慧：成长在一个单亲家庭，结婚后又经历离婚，携女儿白手起家创业，到后来功成名就公司在东京证券交易所上市，又隐退开启慈善事业……

我初见惠女士是在她新宿附近的家中，明亮的客厅里只简单摆放了些生活必需的物品。没有奢华的家具或摆设。她认为这些和金钱一样，不过是身外之物。每次去她家，她都会为我盛一碗自己煮的大酱汤，这是她热情好客的标志。无论是电视台来采访，或是快递小哥来敲门，她都一视同仁地热心接待。

她家的客厅经常会传出来客们的笑声，这些来客有电影导演、著名漫画家、畅销书作家，也有经历不幸的普通人，来找她寻求开导与指引。

一年四季，无论何时她都选择精力充沛地迎接每一天。每天清晨，她都会拍一张日出的照片放到社交媒体上。哪怕是严冬，她在家中也是赤脚行走。现年 82 岁的她，每个月都坚持去美容美甲，因为她认为把钱花在美容院，比花在医院要强得多。

惠女士在书中的话，对今日的我们尤为重要。当下，很多人都面临着更多的挑战，日益激烈的竞争，无处不在的生存压力，每个人难免会焦虑、疲惫和迷失自我。

或许某个深夜，当独自一人面对深暗的星空，会有那么一个瞬间，我们会觉得内心无比脆弱。如果你也经历过类似的时刻（我是有过的），希望你可以拿起惠女士的这本书。你可以从头看，也可以跳着看。看完一遍以后还可以时不时地翻一翻，因为看惠女士的书，就是和自己的内心对话的治愈的过程。

在成千上万的书里你拿起了这一本，这本身就是一种缘分。愿拿起这本书的你，可以时不时地正视自己的内心，倾听内心的声音，从而实现你所真正向往的幸福人生。

最后，感谢惠女士对我这个旅居日本20余年的媒体人的信任，全权交给我来翻译这本书。感谢挚友日语教师贾翀的友情校对，还有资深摄影师于前女士提供的照片。

黄恂恂

2024年初夏

| 目 录 |

| 引 语 | 你要听从自己的内心

| 第 1 章 | 一切从相信自己开始

01 细数那些你做不到的事徒劳无益。没有的东西,就是没有。认识到这一点,是人生的起点。 008

02 "好像是这么回事"。请相信并重视这种直觉,锻炼你的直觉。 012

03 人生中没有应该这样、必须那样的事情。对自己诚实,人生就简单了。 016

04 越是重大的决策,越要自己拿主意。一定不要把决定权交给其他任何人。 021

05 金钱和名声并不重要,人生重要的是坚持去做自己认为对的事情。 025

Column Episode 1　26 岁成为抚养 3 个孩子的单亲妈妈　　　　　　　　　　　　　　　　029

第 2 章　解开心结，获得自由

06　看待事物的视角单一才会觉得辛苦。换个角度看事物，站在你这边的人就不同了。　032

07　漫漫人生，把目光放长远，你会发现，无论他人还是自己，我们的人生都无法控制。　037

08　条件"差一点儿"的环境才是刚好的环境，它会让你的胸襟变得宽广。　042

09　人并不是因为有了理想的伴侣才幸福。　046

10　有些遇见注定要分离，无须惜别。　050

11　当你感到不幸福的那一刻，你就会变得不幸。当你感到幸福的瞬间，幸福就会降临。　053

Column Episode 2　像鸟儿一样，自由自在地生活　058

第 3 章　心有余地，善待他人

12　无论怎样的人生，最终值得回忆的都是人，所

	以要珍惜遇见的人。	062
13	你可以是极端的，无须事事都去权衡。	066
14	你可以没自信，不要去扮演一个虚假的自己。	070
15	不要被理想束缚。你可以"与众不同"。	074
16	帮助别人，同时被别人帮助。互助有利于缔造宽广的胸襟。	079

Column Episode 3　　只要不放弃，人一定能改变　085

第4章 | 用行动磨炼心志

17	通过与人打交道，锻炼5个"内心本领"。	090
18	工作、婚姻、养育子女、离婚，只要认真对待一件事，就会有所收获。	095
19	"天知，地知，你知我知。"对别人和自己，都不可能欺瞒一生。	099

| 20 | "偶然"也是有意义的。按照自己的想法去做吧，那就是正确答案。 | 103 |

| 21 | 人心不会为物质所动，金钱买不到真心。只有行动才能真正打动人。 | 107 |

| 22 | 不要光让大脑流汗，你的身体和心灵也要流汗。这才叫全心贯注。 | 112 |

| Column Episode 4 | 做销售的女人 | 115 |

第5章　让自己和他人的内心都获得安详

| 23 | 无论社会、组织还是个人，如果我们不珍视人们的内心，早晚会运转不下去。 | 118 |

| 24 | 对于孩子，要给予尽可能多的爱。这份爱能创造未来。 | 122 |

| 25 | 因为忽视了内心的声音，你才会充满焦虑和不满。请安抚你的内心。 | 126 |

| 26 | 不要为自己的人生找借口。谎话堆积，才会更害怕受伤。 | 130 |

27	有时也要神经大条心若顽石，生活中只吸取对自己有利的东西。	134
28	别再做乖孩子、老好人了。这样，你真正的魅力就会显现。	138
29	别人面对巨大的痛苦时，不要去同情和附和。仅仅是倾听就会有帮助。	141
30	不必和伤害你的人做朋友。	144
Column Episode 5	女创业者来了	147

第6章 人生过半才更有趣

31	生活不会像你年轻时计划的那样。从 40 岁起，重启一次人生。	150
32	人到 60 岁，崭新的生活刚刚开始。	154
33	从 70 岁开始，才真正开始理解别人的感受。	158
34	弥留之际，人们会想些什么？会有怎样的觉悟？	161

35 父母与子女之间有剪不断的纽带,请时不时地品味它的重要性。　166

Column Episode 6　我还不知道那朵花的名字　170

第7章｜随心所欲地生活

36 不要再三考虑之后再行动,下定决心就要立即行动,结果会随之而来。　174

37 当你遵从自己的内心时,不需要的奢侈就自然消失了。　178

38 什么都可以,试着坚持做一件事。习惯会改变你,它会赋予你神秘的威严。　182

39 要"敢说,敢看,敢做",不要把自己的感受憋在心里,要付诸行动。　186

结　语｜在地球上存在的时间是有限的,我们要不留遗憾地生活

--- **引语** ---

你要听从自己的内心

人们都这样说,但你是怎样想的呢?

此刻,你是否过上了顺心的生活?

人生本身就烦恼无限。工作、人际关系、夫妻相处、亲戚往来等,细数起来会让人彻夜难眠,无所适从,难以决断。

这种情况会出现在我们每个人身上。

然而,我想告诉你,有个办法能让你彻底走出这种困境。无论遇到怎样的困难,你都会知道"这就是我要做的事",并毫不犹豫地付诸行动,真的有这样的方法。

我想通过这本书分享给你的,就是这种"心无疑惑"地生活的小诀窍。

我现年82岁,出生于战火交加的年代,经历了结婚、生子然后又离婚,42岁时和当时正在读高中的女儿一起创业。

如今,我们创办的公司在东京证券交易所的主板上市,我从公司事务隐退,成立了自己的社团,正朝着人生的终点阔步前行。

在我的一生中,最终能帮助到我的方法,在这本书里我都会告诉你。

几天前,有位企业家来找我。他在业界是出了名的精明强干，生意做得风生水起。然而，他却告诉我：

"最近我一直在想，生活是否该这样继续下去，我会不由得感到不安。"

我问他为什么会这样想，他说：

"年轻有为的人层出不穷，这让我倍感焦虑。每当看到比自己更成功的人时，我就会感到不安，怀疑自己选择的路是否正确，经常失眠。"

如今，很多人都有像这位企业家一样的苦恼，因为一点小事丧失信心，内心备感挫折。

无论处于什么职位、什么年龄段、什么性别，男女老少皆如此。

发生这种情况的原因，其实很简单。

因为你没有倾听自己的心声。

事实上，大多数人在苦恼的时候，所想的并非关于我们自己的事情。

我们之所以会充满焦虑，是因为我们时刻思考的，都是周围的人，周围的声音。

比如，公司的上司或是下属对你说过的话，你的家人、父母对你的唠叨，朋友向你提到的问题，抑或社会舆论，熟人的看法……这些别人说的话占据了你的思维。

当我们认为是在为自身的事情苦恼时，其中并没有我们本身。最重要的本应是我们自己、我们的内心，却被忽略了。

所以我们会苦恼，会不知所措，会过分地依赖他人，也会对别人抱怨和发脾气。

其实最了解你的莫过于你自己，如果你正苦于寻求某个问题的答案，那么请这样自问：

"周围的人是那样说的，那么，我自己是怎么想的？"

请你这样问自己，直面自己的内心。

你是想在竞争中脱颖而出，争得第一？还是想为自己真正认为有价值的事情倾注毕生精力？

你的内心深处，其实早已有了答案。

请你重视内心的声音，把手放到胸口倾听，并自问：

"我到底想要什么？"

这是你的人生。真正重要的事，只有你自己知道。

无论何时，你的内心都会告诉你该怎样做。你的内心是你一生最好的朋友。听从自己的心而付诸行动的人生，是无惑的、满足的。这就是我想通过这本书告诉你的。

做到并不难。不要用大脑去思考，着眼于内心的感受就好。接下来，我想与你分享一些聆听内心的小技巧。

这些技巧有很多条，你可以挑选那些与你的内心产生共鸣的去读就好。读过之后，希望你的内心可以放晴，希望我能助你一臂之力。

最重要的事情，只有自己知道。

第1章
一切从相信自己开始

01

细数那些你做不到的事徒劳无益。没有的东西，就是没有。认识到这一点，是人生的起点。

你有很多属于自己的优点，不是吗？

第 1 章　一切从相信自己开始

我们往往会力求完美，想要获得更多。然而这种欲望会让人思虑过重。

有钱比没钱好。

聪明比愚笨好。

腿长比腿短好。

的确，这些都没错。

不过有一点很重要，那就是"没有的东西，就是没有"。

即使天翻地覆，没有的东西也不会冒出来，手脚也不会突然变长。

我们总是过分看重那些自己做不到或是没有的东西。

因为我们认为那些"做不到"的或是"没有的东西"是好的。我们也会用同样苛刻的方式对待他人。

我们不喜欢"做不到"的自己，也同样讨厌"做不到"的他人。

如果有些事做不到，没关系。多看自己的优点，把这些优点发扬光大就可以了。我认为，能够这样想的人多起来，人与人之间的相处就会更加融洽。

小时候母亲常对我说的一句话，我至今仍铭记于心：

"你有很多优点,不是吗?"

我在三姐妹中排行老二,在学习上不如成绩优异的姐姐。但母亲总会安慰我说,我这样就可以了。

每个人都有自己的优点,我也有我的优点。我们要以各自的优点为荣。在我的人生中,母亲的这句话多次拯救了我。

人无论如何努力,都不能成为另外一个人。

日本有句俗语,"三岁的灵魂活到百岁"(注:类似于中文俗语"三岁看八十"),儿时的天性,会一直伴随我们到老。视而不见,或是试图压抑它,都是不可能的。

越压抑它、忽视它,就会遭遇越大的反作用力。

如果你会莫名感到难过,自己也不清楚为什么,请你意识到,这是你的内心正在呐喊:"请注视我!"

人的一生中会遇到形形色色的人,经历种种事情。但随着年龄的增长,最终还是会回归到"真我"。

无论你如何装扮外在的自己,儿时的天性还是会渐渐显露出来。

如果这个时候有你未消化的东西,如果你不能认可自己，就会感到非常难受。

越早接受自己的本性，你的生活就会越快乐。

"你可以做你自己。"

"不必和他人比较，你有很多自己的优点。"

如果你有孩子或者伴侣，我希望你可以这样对他们说。

有很多人，会因为他们所信赖的人的这样一句话而获得救赎。

最重要的是，只有你自己也这样认为，并专注于你所拥有的，而不是去追求那些身外之物，才能真正地拥有自己的人生。

接受自己没有某样东西，因为最终我们都会回归自己本来的样子。

02

"好像是这么回事"。请相信并重视这种直觉,锻炼你的直觉。

头脑、身体、心灵,合而为一,是不可分割的。

相信自己的内心,具体是怎么一回事呢?

我的答案就是要相信"好像是这么回事""感觉是这样的"这些直觉。

不要用大脑去思考、分析、比较、验证,然后花很多时间得出"应该是这样"的答案,要试着相信偶然间感受到的"好像是这样"的那份灵感。

你有没有过走路时突然意识到"这条路感觉不妙",或者不看手表也能感觉到"现在大概是什么时间"的情况?

不要因为大脑发出"这不可能"的信号而忽略这种直觉,试着顺从这种直觉。

我经常会碰到一些奇妙的事,比如突然想起好几年都没穿的衣服,心想"今天就穿这件吧",往往那天见到的人穿的就是同样颜色的衣服,我们还佩戴着形状相似的首饰。或是想到不知道最近某个人怎么样了,那个人就恰好来联系我。诸如此类的事情常常发生。

大多数时候,并不是发生这种巧合就会怎么样。但这种巧合有些时候蕴藏着改变人生的重大机遇。越是相信自己内心的人,就越会遇到有趣的巧合。

日本著名棋手羽生善治曾说，积累大量的经验之后，不经过大脑思考，就能瞬间想到最合适的下一步棋。他在电视节目里担任其他棋手对决时的解说，就往往能够说中之后的棋局走势。

我认为这种直觉并不是多么神秘的东西。

大脑和内心本就是密不可分的，是相互关联的。

如果把它们拆开想就复杂了，请把它们作为一体来思考。

大脑和身体经历过的事情，内心经历过的事情，全部合起来构成了"好像是这样"的直觉。相信这种感觉，这就是"确信"。

我们在无意间往往已经在用大脑思考，甚至过度思考了。

如果我们忘记了如何使用直觉，就会忘记如何"聆听自己的心声"，如何"用感官去体会"，进而变得无法区分他人的意见和自己的意见，无法了解自己的心声，就更不知道该相信什么了。

首先，请珍惜"大概是这样"的这种直觉。

如果你总是担心自己是不是做错了，总是感到不安,就说明你还停留在只用大脑思考的阶段。

当你遵从自己内心的时候,就会有"毫无疑问地这样认为"的自信,就会有"这就对了"的底气。

在没有电脑的时代,人们应该是用心、用身体、用大脑,用一切去感知事物、察觉危险、做出判断的。

请先回忆起如何使用直觉、如何用心这件事。

请回想一下如何使用直觉,这样,你就会对自己的"好像是这样"开始有信心。

03

人生中没有应该这样、必须那样的事情。对自己诚实，人生就简单了。

当你听到"常识"或是"正确言论"的时候，那是你的大脑在发言。

"做人就该这样。"

"社会必须是那样。"

"家庭应该是这样。"

"妻子(丈夫)就该是那样。"

"朋友就该是这样。"

"工作就该是这样。"

"上司就该是那样。"

"企业家就该是这样。"

……

世间充满了"应该是这样""必须是那样"的事情。人们把这些叫作"常识"。

而这些常识,往往看上去有益无害,实则在束缚你的人生。

比如,如果"应该是这样"的观念过于强烈,你就不会做出超乎寻常的举动。当人的行动被限制,就很难做出果断的决策,或是迎接新的挑战。

而人们被"必须这样"的正义感或是理想状态所驱使,就会非常在意别人的言行,看不顺眼的事情就会变多。

本来不需要生气的事情，也会让你抓狂。长期这样下去，人的面部表情也会变得狰狞。

请花时间想一想，你心中"应该这样""必须那样"的事情，究竟对你来说是不是必要的事。

追根溯源，我们是在与父母等周围的人的互动中获得这些"必须要怎样"的想法的，他们称赞或是批评我们，在遭遇失败或是获得成功的过程中我们渐渐地学会了这些。

然后我们就会想，"要成为像父亲一样伟大的人"，"要成为像妈妈一样心地善良的人"。或者父母成为反面教材，我们也会想，"千万不能成为像父母那样的人"。

崇拜、抵触或是某种情结构成了我们挑战各种事物的原动力。

我认为人生可以有这样的时期，在一个我们相信"应该就是这样"的世界里，我们能学习到很多，但要渐渐地转变。要从"别人的声音"中毕业，自己去思考，相信自己，并听从自己的内心去行动。如果不这样，我们就会变得喘不过气来。

你要辨别那些不断从心中涌出的声音，哪些是自己的真心，哪些是别人的意见。

方法很简单。

请放弃所有让你认为"应该这样""必须那样"的事情。

坚持做那些你认为"应该这样""必须那样"的事，说明你已经在勉强自己了。

其实你的内心已经在说不想去做了，只是你为了说服它而勉强找出"应该这样""必须那样"的理由来极力压抑自己的心声罢了。

内心的声音其实很简单。

"想做"或是"不想做"，"喜欢"或是"不喜欢"，仅此而已。

请你先去发现自己内心的声音。正因为你无视它，才会感到难受。

当你聆听心声时，或许会听到"那样做才符合常识"或是"不应该说泄气的话"等诸多声音，对这些声音，请你先说声"对不起"，然后无视它们。

因为这些不是你内心的声音，而是你的大脑在说话。

你的大脑可能会告诉你什么是正确的，也许听上去很像样儿,但是,请你不要想太多,而是坦然地面对。

好好聆听自己的心声,然后做出选择。

你的内心绝不是你的敌人,它是在任何时候都会站在你这边的人生中的最好伙伴。

与自己的心声坦然相对,你的内心就会成为你的同伴,在人生中你就不会再感到困惑。

"该做""不该做",这样复杂地思考,才会变得不坦然。

心声只有"想做"和"不想做",很简单。

04

越是重大的决策，越要自己拿主意。一定不要把决定权交给其他任何人。

如果你不按照自己想要的样子去做，早晚会后悔。

"人们苦恼的 90% 都是无所谓的琐事",我常常这样觉得。

过去我曾说是 80%,但是随着年龄的增长,我越发觉得大多数事情都是无所谓的,所以这个比例有所增加。

为什么这样说呢,因为无论是工作还是人际交往,大多事情都会"顺其自然",即使是现在解决不了的事情,时间也会帮你解决。

我愿意倾听别人的苦恼,但自己的事情我很少和其他人商量。"哎呀,我真是烦死啦!"我可能会这样向好朋友发牢骚,但不会和他们讨论我的烦恼。

也不是刻意地不去谈论,我只是觉得没有这个必要。

当你感觉烦恼、犹豫不决,不知该如何行动的时候,大多数事情只有"做"或是"不做"两个选择。

我会觉得,和别人商量是件非常浪费时间的事情,因为答案 100% 都在自己的心中。

重要的只有"自己想怎样""怎样才能满足自己"。

扪心自问就能明白的事情,请教别人反而会增加困惑。

比如，你本来坚定要去做一件事情，遭到反对之后反而动摇了。

也许你会为自己所做的事情不被理解而沮丧。

或许没人同情你，你会感到气愤。

明明已经下定决心，如果占卜师说"现在是你运气最差的时候，最好不要去做"，你也许就会犹豫不决了。

被周围的人推着走的结局，可能就是做了跟自己的初心相违背的事。

听取他人的意见固然重要。例如想知道具体的方法、专业知识时，最好听取专家的意见。

但是"做 / 不做"这种重要的判断，请务必遵从自己的内心。

无论是怎样的形式，如果做了和自己的内心本意相逆的事，就不能获得满足，剩下的就只有后悔了。

放弃去做自己想做的事，内心的欲望并不会消失。如果不遵从自己的内心去做，早晚会后悔。

所以，请追随你的内心去做你真正想做的事情吧。

不认真去做，就学不到东西。对身心最有害的，莫过于心里明明在喊想去做，却压抑着内心不去做。

无论做了之后结果怎样,都是你人生中本来就必须经历的事情。是或早或晚,注定要发生的事情。

时间有限,如果可以,晚行动不如早行动。

请按照自己的内心去做决定吧。这样,你就不会再埋怨谁,就能够接受自己人生中遇到的各种事情了。

烦心事的答案,100%在你自己的内心。依赖他人只会让你犹豫不决。请相信自己。

05

金钱和名声并不重要,人生重要的是坚持去做自己认为对的事情。

越是为金钱发愁,就越要停止去想跟金钱有关的事。

金钱，无论什么时代都会令人苦恼。

不过，我觉得现代人有点过度用可见的金钱数字去衡量价值了。有钱就是好的人生，没钱就是不幸的人生。能挣很多钱的人是伟大的，挣不到钱的人就无关紧要。

或许这样想的人不在少数，但这是不对的。

对于经营公司的人来说，金钱的数字非常重要，但团队的价值和个人的价值不能与金钱等同看待。

金钱本身就是临时寄存在你那里的，它是属于整个社会的，绝不是属于某个人，是用来循环的东西。

然而，年轻人会因为担心养老而消极地对待自己的人生，富有的人会因为担心自己失去财富或为了充面子而去赚超出自己所需的更多的钱。为这样的事情倾注自己的所有精力是很可惜的。

无论如何，金钱都不能带到棺材里，也并不是活着的时候赚得越多，死后就一定能上天堂。

金钱，不过是人类发明的物品交换的工具，自己够吃够喝，能养活家人，做到这些，生活就足够了。

人们经常会批判那些名人或是企业家的奢侈消费，而我觉得，自己的钱怎样花都是自由的。

金钱只有花出去,才真正成为钱。花钱,经济才能运转。有钱人本来就该多消费,多买东西,这样对社会来说也是更好的。

相反,因为太想把钱留住而家庭破碎的例子也比比皆是。金钱并不需要太多,最好在活着的时候把它用光。

无论你有钱没钱,都要尽量避免去做那些某天会让你后悔地说"唉,当初不该那样做"的事,而要增加那些让你感到"当初那样做了真好"的事。这是人生中比金钱更重要的。

为此,你要遵从自己的内心生活。就这么简单。

遵从自己内心生活的人是幸福的,相反,被金钱或他人的看法束缚的人生,无论多么顺利,也很难感受到幸福。

金钱是为了度过看上去很长实则很短的人生,上天和社会临时存放在你这里的东西,并不是说一句"我要赚钱"就能轻而易举到手的东西。

相反,如果你能够忘掉金钱而专注踏实地去做事,不知不觉间金钱就来了,机会也来了,它们就是这样的东西。

越是为钱发愁的时候,请你越要先忘掉钱。

你真的是因为没钱而发愁吗?当你有了钱,现在的不安就会消失吗?你真正想要的是什么?请你想一想,哪怕只是花一点时间。

大多数时候,你会发现"没钱并不是问题"。

即便没钱,也有很多能丰富人生的方法。

并不是像他人一样花钱享福就是幸福的人生,也不是你比别人有钱,就会"充满自信,没有烦恼"。

想着"只要有钱就好了"而努力的人,一定会在得到金钱之后因为想别的"只要有……就好了"而感到不安。

金钱并不是你本质的需求,关键是你的内心是怎样想的。

很多时候并不是钱不够,请你想一想你真正想要的是什么。

Column Episode 1
26 岁成为抚养 3 个孩子的单亲妈妈

我出生于战时的 1942 年，在三姐妹中排行老二。听母亲说父亲是一名电工，在我还是婴儿的时候就被征去战场了。后来父亲死在异国他乡，年仅 30 岁。

当时，我的母亲只有 26 岁。她成了寡妇，还要抚养我们姐妹三个。

"老公那份也得由我来努力了"，母亲这样想着，在鹿儿岛（注：位于日本西部的一个省县）经营起了一家面包厂，客户是当地的医院和学校。

开始工厂的生意似乎还不错，甚至有段时间家里还有帮工。

在战后的混乱时期，我家看上去诸事皆顺，至少有那么一瞬间，看起来是这样的，但好景不长。

那时我快 10 岁，一场超强的台风"露丝"席卷了工厂，强风吹走了工厂的屋顶，所有的设备都无法使用了，母亲被迫关闭了工厂。

但我的母亲很坚强,并没有因此气馁。

"那就去东京吧",她决定举家迁移,去东京重新创业。当时她认为,东京一定会有人、有工作、有物资。

出乎母亲意料的是,东京虽然有很多人,却没有工作和物资。

母亲尽了最大努力,但情况并不乐观,债务越积越多,我们一家四口住在一间大约 10 平方米的公寓里,这样的日子持续了很久。

房子太小,以至于我们姐妹都纷纷说想要住更大的房子。于是母亲不知从哪里找来一处破旧的房子,但这房子实在是太破了,一到下雨天,严重的漏雨就会搞得家里一片狼藉。

那段日子虽然很开心,但后来我们所有的家当都被没收了,我们姐妹连学校的午餐费都付不起。

当时我已是一名初中生,不想给母亲和姐姐妹妹增加负担,只好在朋友家里暂住一段时间。

第 2 章

解开心结,获得自由

06

看待事物的视角单一才会觉得辛苦。
换个角度看事物，站在你这边的人就不同了。

凡事都力求完美，会让你周围的人很累，"有点粗线条"才是恰到好处。

第 2 章　解开心结，获得自由

在工作和日常人际交往中，或许你有时会想："为什么他/她不理解我""那个人为什么会那样""为什么这样行不通"……总是会有这些让你感到沮丧或烦恼的瞬间。

在这些时候，请记住，看待事物的方法不止一种。

用单一视角观察世界，会有很多看不到的地方。换个角度看问题，才会有很多新的收获。

每个人都会在不同的处境，扮演不同的角色。比如，工作时和在家时的状态是完全不同的。

人们会根据工作性质的不同（如销售或会计等）、职位的不同（科长或部门主管等），还有立场的不同（母亲和父亲等），在不同的场合（甚至是下意识地）采取不同的言行。

一个在家里嚣张跋扈的男人，进了办公室却可以友善地谈笑风生，或者礼貌地请下属帮忙。

但我们并不是总能完美地使用这些表情。

如果家庭有烦恼，工作时就可能无法集中精力。相反，如果工作压力太大，在家时可能就会无精打采。也许还会仅仅因为身体不适而心情不好。

总之，形成眼前的状况总是有一些原因。

如此一来，如果你只从自己的角度和需求考虑问题，认为对方是下属、是老板、是家人等应该如何如何，就无法忍受别人犯错，哪怕只是最轻微的瑕疵。

这样导致的糟糕后果是，你会因为过分在意别人的一言一行而身心憔悴。对越是亲近的人，我们越容易变得苛刻。所以，请你尽可能从多个方面去看待别人。

当然，也会有很多时候你不明白到底发生了什么，这时候，你要试着去想别人"肯定有什么难言之隐"。

每个人都是不完美的，有各种各样的小缺点。

很多时候，我们的言行也是不一致的。

还记得小时候，我邻居家的一位老太太每天都在念叨着"我想死""我想死"，同时拼命地吃保健品，把晒干的大蒜磨成粉末包起来喝下去。

我想，人就是这样矛盾的存在。

特别是身陷困境时，人就会不受控制地说一些奇怪的话，做一些奇怪的事。

如果你能换个角度，把这种矛盾看作一种可爱，就能对他人变得更加宽容。

当然，你不必同情他们的痛苦，也不必感同身受。

相反，你最好把它当作别人的问题去看待，"哦，原来你也正在经历一段艰难的时期"，这样想刚刚好。

有些时候，因为是夫妻才会觉得对方不可饶恕的事情，如果看作不相干的人，似乎也就没什么大不了了。

本质上，无论哪种关系，把对方当作他人看待都能让我们与周围的人保持很好的距离感，很多时候都是由于我们太入戏，才很难保持这种距离。

正因为我们太执着于别人的事，才会无法原谅别人的一点小过失。

如果你执着于判断一件事到底是好是坏、是对是错，最终痛苦的只会是你自己。

现代社会很多人都是完美主义者，所以稍微松懈一点才是恰到好处。

凡事力求完美没错，但如果把身边的人都卷进来，那就大事不妙了。

最好是把心放宽点，对别人多些包容，经常对别人说"差不多就可以了"或"真拿你没办法"，这样你自己也会好受很多。

当你理解了这种距离感,与周围人的摩擦就会减少,即使他们说了让你感到不舒服的话,你也不会再去介意了。

这样一来,站在你这边的盟友就会越来越多。

正因为我们太入戏,才无法原谅别人的小过错。
把他人当作是不相干的人,就能包容对方的瑕疵了。

07

漫漫人生,把目光放长远,你会发现,无论他人还是自己,我们的人生都无法控制。

感到焦虑,是因为我们试图去控制。

我之前说了,当你感到无法原谅他人或者内心恼火的时候,请试着改变自己的视角,从不同的角度多方位地思考问题。

改变视角还有一个很重要的方法,就是目光长远地看待人生。

俗话说"只见树木,不见森林",如果只顾眼前的事情,你就无暇顾全大局了。

前几天,一位年轻人来我家,他学习成绩优异,但正因如此,如果犯一点错,他就会觉得好像到了世界末日一样。他一直是个精英,学习成绩名列前茅,所以遇到困难或碰壁的时候,他的玻璃心瞬间就碎了。

在不同程度上,我听到越来越多的年轻人(十几岁到四十几岁)存在这样碰壁的经历。

当仔细询问他们时,我发现他们中的很多人都是从小就被迫与周围的人竞争,"我必须是最好的""我必须是优秀的""我必须考进某某名校",等等,他们都是在这样的环境里成长起来的。

他们认为,如果自己不是第一名,就不会得到认可;如果自己不比别人优秀,就不会得到爱。他们会下意识地这样想。

然而，生活并不是你想怎样就能怎样的，你无法控制自己或他人的生活。

正因为你试图去控制自己无法控制的事情，才会焦虑。

工作、家庭、对子女的教育，都是如此。

正因为试图去控制，我们才会为生活中发生的事情喜忧不定。当事与愿违，我们会感到恼火；当事情不顺，我们会变得焦虑不安。

如果是这样，还不如尽快放下这种控制欲，抱持"生活就是这样"的想法并欣然接受它，让自己更轻松，也不会为不必要的事情分神。

根本上，我相信生活中发生的每一件事都有其积极的意义。

比如，工作失败或因病休养等，短期内可能是一件坏事，发生时会让人很难受。但从长远来看，通过这样的经历，你可能会学到重要的经验教训，重新思考自己的人生，或者以此为契机做出重大决定。

所有这些都是必然要发生的事，剩下的就看你如何诠释了。

不必把这些发生在自己身上的事情看得过重,因为它们对你的人生来说是必经之路。

把我们自己换成我们的孩子,也同样适用。

对要参加高考的孩子要求过于严格一直是个问题,如果考虑到孩子漫长的一生,考试成绩怎样根本就不是个问题,他们还会有很多翻盘重来的机会。

今天,当孩子们走向社会,他们的为人,他们是否在爱中成长,是否内心强大,比他们的成绩重要得多。

但如果家长过于看重考试成绩,认为孩子考得不好就是"失败了",孩子就会认为他们自己"不行",会对自己所做的一切失去信心,进而可能会对自我设限,放弃尝试。

如果过于强调眼前的结果,未来就无法继续走下去。

走在石桥上,如果你一直小心翼翼地敲打石板,担心桥会不会坍塌,自己能不能顺利地走过去,其他人已经过完石桥继续前进了。如果不行动,你进步的速度就会变慢。

第 2 章 解开心结,获得自由

回想一下小时候,你在短跑比赛中得过第一吗?还是已经记不清了?估计大多数人都已经记不清了吧。

曾经在短跑比赛中获得第一名,时间长了也会被忘记。但力求做到最好而努力的过程,以及你努力的方式,对你之后人生的任何经历都是有用的。

希望你对生活持有大局观,既为自己,也为他人。

往小处看,你会被眼前的结果所迷惑。
长远来看,你会发现过程的重要。

08

条件"差一点儿"的环境才是刚好的环境,它会让你的胸襟变得宽广。

"要是有……就好了"是没有止尽的。

要是我有钱就好了,要是我有资格认证就好了,要是我更聪明就好了,要是我有人脉就好了,要是我有个好搭档就好了……人性是贪婪的,每个人都会有这样想的时候。

如果你习惯于这样想事情,就会变得越来越一厢情愿地渴望得到没有的东西。

"如果我有……,我就可以……。"

这样想的人,无论是工作、婚姻,还是其他重要决定,如果把缺失某项东西作为理由,就无法迈出第一步,结果就是不停地换工作或换伴侣,都是在重复同样的模式。

这是为什么呢?因为当你成为一个一厢情愿的人时,你只会关注眼前"没有"的东西。

缺钱、缺知识、缺学历……缺这个,缺那个。正是因为你只看到了自己没有的东西,所以才会不喜欢自己,也不喜欢别人。

不过,你要知道,"只要我有……,我就会快乐"的想法是没有止尽的。

比如,假设你认为如果你有 500 万元,就会很幸福。但当你得到 500 万元时,你就会想要更多的钱。

世界上有比你更富有的人，500万元还远远不够奢侈，于是你会想要更多的钱……

如果是这样，你的注意力还是被放在了自己没有的东西上。

有很多人会来找我咨询夫妻关系中遇到的问题，往往都是从这种"想要自己没有的东西"开始的。比如，对方不做家务，或者对方不照顾孩子，收入少等，互相都在指责彼此的不足。

听他们说完，最终，你会发现双方都是各执一词。

归根结底，他们对伴侣要求太多的原因是，"想要那些没有的东西"。

这不仅仅是对方的问题，来自家庭之外的各种不满情绪往往也都指向了最容易指责的伴侣。

如果你认为自己不幸福是因为缺这个或是没那个，那你永远不会感到满足。

其实，稍有一点不足的环境，才是恰到好处。

对一切都感到满意并不是理所当然的状态，当你认识到有点不足才是常态，你就会对自己所拥有的一切心存感激了。

伴侣或同事为你勤勤恳恳地工作，或为你做饭，或为你做其他任何事情，你都会对他们心存感激。如果你认识到别人为你付出并不是理所当然的，就会有不同的看法了。

此外，如果你认为条件差一点也没关系，就更容易在面临新的挑战时向前迈出一步。

如果你认为好的环境不是别人为你提供的，而是自己创造的，你就会在换工作或者尝试其他新事物时更容易发现周围环境中好的一面，更容易把握住机会，你的胸襟会变得宽广，从而能容纳更多的东西。

与其抱怨自己没有什么，还不如感谢现在所拥有的东西。这样非常有助于你过上平静安宁的生活。

如果从一开始就认识到完美的环境并不存在，你就不会为理想和现实的落差而痛苦。

09

人并不是因为有了理想的伴侣才幸福。

人不是神,没有人能满足你所有的愿望。

第 2 章 解开心结,获得自由

前阵子,一位年轻男子向我感慨道:"我从没见过结婚后幸福的人!"

当我问他怎么回事时,他告诉我,他认识的所有成年人和他周围的朋友,只要结婚了,不是抱怨家庭,就是在为要不要离婚而争吵,所以他对婚姻的美好憧憬荡然无存。

如果遇到理想的伴侣并结婚就会很幸福,你会这么认为吗?

如果你的回答是"是",那么可能你现在的婚姻生活是很精彩的。如果你回答"不是",那么你可能已经经历了很多坎坷。

我认为结婚是一件非常美好的事情,所以我才结了两次婚。我的第二任丈夫还是个中国人。但我并不知道这世上到底存不存在所谓的"理想的伴侣"。

因为我认为,只要有一个理想伴侣就能幸福的想法,和只要有钱、只要有一份好工作就会幸福的想法如出一辙。

你的伴侣不会让你幸福。无论身处怎样的环境,幸福永远是自己创造的。

如果你不牢记这一点，无论遇到多么优秀的人，你都会一直乞求自己没有的东西。无论和什么样的伴侣在一起，你都会感到不满足。

任何人际关系皆是如此。

重要的是，不能过分依赖对方，而要体贴、包容，并在相互尊重的基础上进行沟通。

如果你固执地认为"对方（对你来说）必须是完美的"，或者对方"必须是（对你来说）理想的"，那么你将无法原谅对方哪怕是最轻微的言行过错。

这样日积月累，关系就会结束。

人不是神。最好从一开始就认识到没有一个完全符合你要求的人，那么寻找伴侣就会变得容易很多，真正在一起生活时，你也可以更多地睁一只眼闭一只眼了。

请记住，不是理想的人让你幸福。

幸福永远就在你的眼前，你可以自己把握。

第2章 解开心结,获得自由

如果试图让别人给你幸福,你只会看到对方的不足。
当你不再依赖他人,良好的人际关系便可以长久维持。

10

有些遇见注定要分离,无须惜别。

即便一段关系最后没有结果,
也有其存在的重要意义。

第2章 解开心结，获得自由

前一篇我们讨论了伴侣相处的问题，但也有很多事情"只有与他人相处之后才能明白"。

生活中我们跟有些人"就是合不来"，有时我们越试图改善关系，分歧却愈演愈烈。

有时，一些小事也会导致命运齿轮的重大转向。

当时你可能会非常伤心难过，不过我相信，即使是不成功的关系，也有其重要的意义。

人与人的缘分是多种多样的，其中也包括"为了分离的遇见"。

换句话说，有些婚姻是为了让你学到"并不是结婚就可以让自己获得幸福"的；有些同居是为了让你明白，"在与他人一起生活时，自己必须更加小心谨慎"的。

当我们的某个理想或常识被颠覆时，我们就会反思自己的行为方式和思维模式：是否太天真了？是否做了太多的白日梦？是否还有其他与对方相处的方式？如此，我们可以学习到很多东西。

这种学习才是最重要的。

友谊如此，工作也是如此。

人们在一个地方相聚，然后分离，这并没有错。

曾经共度时光，你就会了解对方，同时也会更好地了解自己。

通过对方，你会了解自己的价值观和优先事项，这段经历还可以给你（还有对方）的下一次与他人的交往提供帮助。

就像世上存在的所有遇见一样，分离也是必然存在的。分离是一件令人悲伤的事，但也不必执着地认为"不能分手"。

当你的伴侣决定选择走一条新的路时，请做一个温暖地支持对方的人。

不要因为嫉妒或执念而纠缠对方，浪费彼此的生命。

为了你们彼此，请你向前看。

有些相遇是为了离别。
这种相遇也会帮助你成长。

11

当你感到不幸福的那一刻,你就会变得不幸。

当你感到幸福的瞬间,幸福就会降临。

我们并不是为了过得不幸福而降生到这个世上。

请不要忘记这一点。

你有时会感到压力的存在吗？

当你感到有压力时，会怎么做呢？

脑科学家告诉我，人类根本不存在"没有压力的状态"。

人在任何情况下都会感到压力，没有压力就意味着没有感情，是一种完全虚无的状态。

换句话说，我们不仅在悲伤或痛苦时会感到有压力，在快乐时也会感到有压力。

虽然程度不同，完全消除压力对于人类来说是不可能的。

任何事情都是这样，人一旦意识到什么，就会开始关注什么。

即使是一条普通的夜路，如果那天你刚好看了一部恐怖电影，你可能就会突然变得害怕起来。

当你意识到某件事情时，就会情不自禁地关注它，这就是人性。

所以，如果你认为你所处的环境"很糟糕"，你就会看到很多糟糕的地方。

因此，你可能会这样想：

"我是一个孤独的人。"

"我是一个悲伤的人。"

"我是个人老珠黄的人。"

"我是个令人讨厌的人。"

…………

当你这样想的时候，你的心境就会真的变成那样，你的表情和身体也会随之受到影响。

当你认为自己不幸福的那一刻，你就会变得不幸。

但反过来想，既然人的信念如此强大，那么你完全可以树立更好的信念。

正如你认为自己不幸福的那一刻就会变得不幸那样，当你认为自己幸福的那一刻，幸福就会降临。如果你认为自己年轻，你的表情就会变得明亮，你的想法就会更加积极，你的身体就会越来越有活力。

你有房子住，你有空闲时间或者工作多到没有空闲时间，你有孩子，天气晴朗，你现在还活着……看看你现在拥有什么，你就会发现很多让你感到幸福的理由。

如果看不到让你感到幸福的事物，那是因为你在用大脑思考。

"如果发生这种情况怎么办""如果那样怎么办",用大脑去想象未来,你就会感到焦虑,消极的想法也会出现在脑海中。另外,如果你经常与他人比较,就只会关注到自己的不足,而注意不到眼前的幸福。

请停止这样做,请你试着用心生活。

如果你随心而动,你就会感到兴奋、感动,从而被安全感包围。当你情绪低落时,你可能会认为"我根本没法这样想"。但请不要放弃。谁都会有情绪低落和消沉低迷的时候,每个人的生活都有起伏。我相信人在这种时候都会经受考验。对于天气的变化,我们无能为力,但可以改变对天气的看法。重要的是,不要停止脚步,要坚持走下去。

你觉得没有什么好事或有趣的事发生,或者你感觉不舒服,等等,当你太闲了时,往往就会出现这种感觉。

累了当然需要休息,但过多的休息会毒害你的身心。

少用脑子,多用身心。

不管是什么,归根结底,重要的都是带着希望前进的一颗心。向前看,只要你有"没有什么不可能"的信念，你就能做到，你就会有面对困难的勇气。

无论身处何境，请你记住，选择幸福还是不幸，永远都是你自己决定的。

也请你不要忘记，你并不是为了变得不幸而来到这个世上。

无论何时都不要悲观失望、自暴自弃。
永远满怀希望地向前，境况总会好起来的。

Column Episode 2
像鸟儿一样,自由自在地生活

由于母亲的生意不好,辛辛苦苦地埋头苦干也还不上债务,我读初中时被送到熟人家寄宿。

然而,当时各家的经济状况都很困难,很少有人是心情舒畅的,于是我成了寄宿那户人家的老太太发泄的对象。我做什么她都会限制我,批评我,如果我委屈地哭了,她就会说"不喜欢就离开吧"。

为什么我要承受这些?那些日子我不是感到愤怒,就是悲伤或沮丧,总是在哭。

然而,在14岁的某一天,我的心境发生了翻天覆地的变化。

我从卫生间的窗外,突然看到一只鸟儿飞走了。就像电影里的某个场景一样,一群鸟儿飞向了美丽的蓝天。

那一刻,我的心开始狂跳。

我心想,我也想这样自由自在地生活,我一定要自由自在地生活!

第2章 解开心结，获得自由

你永远不知道什么会引发你内心的转变。

当我决定像鸟儿一样自由自在地生活的那一刻，心中的苦闷烟消雾散，我开始专注于思考"如何才能获得自由"。

我想拥有自食其力的能力，于是初中毕业后，我离开那户人家回到了自己家里。

我决定一边在书店打工，一边读高中。

第 3 章
心有余地,善待他人

12

无论怎样的人生,最终值得回忆的都是人,所以要珍惜遇见的人。

工作中赚再多的钱,你也不会记住。

第3章 心有余地，善待他人

过去的80多年，我工作、养育子女，说实话，很多事情我已经忘记了，有些事我却记忆犹新，回想起来恍如昨日。

那就是人，有关和我有过交集的人们的记忆。

帮助过我的客户，与我一起努力工作过的人，加入我的公司的应届毕业生……我记起的都是人。

当我想起与那些人共度的时光，以及他们是怎样的人时，我会强烈地感到是因为他们的存在才有了今天的我。

我的家人、朋友还有我在工作中遇到的人，无论什么人，在我的生命中最后留下来的都是与他们交往的记忆。

关于人的记忆，我想起了下面这件事。

10多岁时，我暂住在一个熟人家里。当时，我很害怕那家的老太太。从早到晚我都被指责、被否定，觉得自己不属于任何地方。

当然，那是二战后混乱的年代。现在回想起来，我已经能理解当时的情况了，但那时的我还只是一个天真的少女，所以还不懂得这些。

时隔十几年后,我收到了那位老人病危的消息。

我觉得我得去见她最后一面,但说实话,我并不知道应该和她进行怎样的对话……

我紧张地去病房看望她。

看起来非常虚弱的老太太见到我说的第一句话是:"我为当年对你做的事感到抱歉。"

原来老太太也一直在意着那段时光,当我意识到这一点的那一刻,仿佛我们之间的所有隔阂都突然消失了。

毕竟,人活到最后能留下来的,只有关于人的记忆。做什么工作赚多少钱并不重要。

人们都不希望带着"要是我没那么做就好了"的遗憾离开人世。

为了不留下这种遗憾,我们应该时刻牢记,我们是因为有身边的人活下来的。如果觉得自己做错了什么,当时就应该立刻道歉。如果别人给予你善意,就要道声感谢。

尤其是要真诚地对待我们身边的人。

我们活到今天,是因为有周围的人的支持。

年龄越大,你就越能意识到这一点。

这就是为什么我们要珍惜他人。

13

你可以是极端的,无须事事都去权衡。

个性这个东西,即使你想控制,也无法控制。
你要把它发扬光大。

第3章 心有余地，善待他人

当我和年轻一代交谈时，我感觉他们中的很多人都认为自己"必须得体"或"平衡好各个方面"。

如果你平衡掌握得好，那很好。

但人好像并不是那么容易就能做到平衡的生物。

首先，每个人都有自己的个性，可能是精神上的，也可能是生理上的特点。我们没办法扼杀这些个性生活。

如果你不能接受这一点，即使再努力，也可能会在人生的某个阶段崩溃和不知所措。所以，请你从接受自己的个性开始。

极端也是可以被接受的。不一定要很酷，或者很优秀。

无论你多么讨厌自己的某个地方，都请对自己说声"这样也没什么大不了"，"这样也没办法"，然后原谅自己。

如果很难做到，就请你想象下你的祖父母，假设他们和你有相像的个性会如何。

试着把自己的个性投射到祖父母身上：四肢短小、不善社交、敏感、认真、顽固、出乎意料地爱出风头……

如果你这样想一想，听起来是不是有点可爱？

对周围的人来说，个性就是这样。没什么大不了的，也没什么好羞愧的。

尤其是年纪越大，越有个性就越有趣。

请尽情彰显你的个性，这样喜欢你的个性的人就会聚集到你身边。也就是说，通过珍惜、重视自己的个性，你就能和欣赏你的人在一起。

与他人相处也是如此。

如果你正养育着孩子或者工作中作为领导管理下属，那么请你了解他们的个性，并夸赞他们的个性。

比如，看似"没有耐心"的人，可能会在关键时刻突然爆发，瞬间做出回应。你可以表扬他们的反应快速，试着引导他们，让他们充分发挥自己的能力。

任何事情都有两面性。

如果你只看到不好的一面，而忽略了它好的一面，年轻的才华就会被扼杀。

归根结底，谁发挥个性谁就是赢家。礼仪、规矩和维持平衡等，只要人活在世界上，自然可以学会。

无论是你自己还是他人,请首先让你们的个性得到发展。

有个性的人才更有趣。
如果你能接受自己的个性,
也能接受别人的个性。

14

**你可以没自信，
不要去扮演一个虚假的自己。**

一个看起来很强大的人，不一定自信。

第3章 心有余地，善待他人

上篇我们谈到了接受自己的个性。

我在各种场合见过形形色色的人，那些接受自己的个性并为之努力的人，会变得越来越有人格魅力。

他们的面部表情会越来越明亮，他们似乎活得自由自在，与人为善，一言一行都掷地有声。

究其原因，是因为他们胸有成竹。

我认为，真正有自信的人，是那些接受自己个性，并利用自己的个性来生活的人。

而看起来强大的人不一定有自信。

现在，缺乏自信的人很多，尤其越是认真、诚实的人，就越是想通过自己的努力来做成一些事情而获得自信。

或是获取某种知识，抑或是工作上出成果，或是达成某种目标，比如减肥成功，等等。当然，做成每件事都是好事。

但这些事情作为建立自信的根据又会怎样呢？

倘若知道得比别人多，成绩比别人好就可以自信，当比你知道得更多的人出现时，那个人就会立刻变成你的心结。

减肥也是如此。进展顺利时还好，如果松懈下来体重反弹，你可能会更加沮丧。

有志者事竟成。努力固然是好事，但也不能一味通过增加某种技能而树立自信。

无论你走得多远，起点都是你与生俱来的样子。

如果你不接受自己的个性、性格和外貌，而匆匆进入人生的下个阶段，那你将永远无法改变，最终只会回到起点。

很奇怪的是，生活中会不断涌现让你面对自己的事情。

拖得越久，后面问题就会越大。

你不能视而不见。

在你决定全力以赴地做某件事之前，请先抽出时间面对自己。想一想，你的不满和没有得到满足的心来自哪里？

只要稍微改变一下这些事情的顺序，你就会感到轻松很多。

你不强迫自己去努力工作，不试图去咬牙坚持，你就可以把你的努力不当作努力，不费力地过好每一天。

第 3 章 / 心有余地，善待他人

如果你厌倦了盲目的努力，
请试着抽出时间面对自己。

15

不要被理想束缚。
你可以"与众不同"。

如果你想和别人一样,你就不会幸福。

第3章 心有余地,善待他人

你心目中有理想的家庭或伴侣的样子吗,或者你在工作中有"我就想成为那样"的榜样吗?

追求理想是一件美好的事。

但这种追求也是危险的。

如今,许多人都在对模式化的理想的追求中精疲力竭。

我认为,你不必试图"像别人一样"。或者说,千万不要试图去学别人的样子。

我们都是在别人的影响下生活的,所以渴望成为他们那样是可以的。父母、亲戚、崇敬的上司、敬重的朋友、名人等,有崇拜的对象也可以成为一种动力。

但是,一旦你开始想"我想成为他们那样"或"我必须成为他们那样",生活就会开始脱轨。

你对理想的追求越强烈,离幸福就会越远。

我们无法获得幸福的原因很简单,那就是无论我们如何努力,无论我们如何追求,都无法成为别人。

我们可以模仿,但永远成为不了他人。

自然,我们都有与生俱来的不同的面孔、性格和成长经历。重要的是,我们每个人"出生的理由"肯定也不同。有些人来到这个世上是为了充满激情地工作，有些人是为了与家人共度宁静的时光，还有些人生来可能是为了浪漫的爱情。

每个人的内心都有不同的渴望与追求。

事实上，即使是在同一个家庭中长大的兄弟姐妹，甚至是双胞胎，也不会完全相同。

人们各自有自己想要的生活方式。

当理想与现实的差距让你烦恼或沮丧时，请你想一想，是否成为和你所崇拜的那个人一样了你就会幸福？

根本上，这个世界没有任何"这样做你肯定会幸福"，或者"得到这个东西你肯定会满足"的事物，这个世界本来就充满不确定性。

如果你不遵从内心的真实感受，如果你不接纳自己，那么无论得到什么，你都不会感到满足。

这与你能做什么或不能做什么、你能得到什么或不能得到什么、你比谁强或比谁弱无关。

一位年轻人苦恼地问我："我一定要有梦想吗？"

因为他身边的大人告诉他"你要有梦想"，以至于他认为"没有梦想自己就一无是处"。

当然，有梦想的人生是积极的、精彩的。不过，与其让梦想束缚自己的心灵，那还不如没有梦想。

我不希望听到你说自己不够好，因为自己没有梦想，或者因为自己没有钱，或者因为自己没有天赋，等等。

生活可以更简单。

我认为，更重要的是，简简单单地享受每一天，不为梦想、理想或地位所困惑。

理想的标准可能会出现在家庭、工作等各个领域，但请不要为理想与现实的差距而沮丧或消沉。因为它们是别人设定的理想，而不是你内心真正想做的事。

不要再为别人的理想而活。

如果你追随自己的内心，自然会找到自己想要的生活方式和生活状态。

人们常说，那些伟大的人不少都是大器晚成。我认为，这是因为他们需要一定的准备和经验才能意识到"这就是我要的人生！"。所以，你可以把人生看得更长、更远。

不要为别人的理想而活。
如果你顺势享受当下的生活,
你就可以找到属于自己的生活方式。

16

帮助别人,同时被别人帮助。
互助有利于缔造宽广的胸襟。

如果你不懂得付出,很多事情你就永远不会知道。

我年过 70 岁时成立了一个名为"爱管闲事协会"的社团。

我孩提时经历过贫困,当过少年犯管教所的志愿者,后来工作、养育子女,结婚又离婚,创业,等等,有了这些经历,我最终想表达的就是"管闲事"的重要性。

在我看来,"管闲事"是一种不求回报、善待他人的行为。真诚的爱和善意,这才是"爱管闲事"的本质。

为什么要多管闲事呢?因为,这个世界本身就是由"管闲事"组成的。

我们和他人是相辅相成的。

我们从呱呱坠地到生命结束的过程,都需要别人的照顾。

我们需要吃的、住的,还需要有工作,我们总是需要与人打交道。没有人能独自生活在这个世界上。

通过被他人支持和支持他人,我们学会了真善和真爱。于是,我们懂得了幸福的意义和自己存在的理由。

但是，如果没有他人的存在，我们没有经受人格的磨炼，就不会懂得其中的意义。

其中有一种金钱和物质永远无法解决的重要的价值。

我见过很多人，他们聪明、富裕、有地位、声名在外，晚年却过得很孤独。

即使他们冷冷地说"金钱是万能的"或"人生就是要看结果的"，归根结底，他们是孤独的。正因为他们是孤独的，他们的内心是不充实的，所以才会说这样冷酷的话。除了依靠金钱，他们别无选择。

如果我们不倾听自己的心声，就永远不会得到满足。如果我们不了解自己的内心，当然也就了解不到别人的内心。如果我们不了解人的内心，我们的孤独感只会加深。

我曾多次提到，金钱或地位是带不到另一个世界去的。

要做你内心真正想做的事，这才是人生最重要的事情。

我认为，要想通过这种方式改善自己的内心，做让自己内心满意的事，就需要多管闲事。

我之所以这样想有几个原因，但起决定性作用的是一个叫饭岛夏树的人的存在。

饭岛先生是日本顶尖的职业帆船运动员之一，曾连续8次参加世界帆船锦标赛。然而，他在30多岁时就被诊断出癌症晚期。

不过，这件事并没有影响他的生活，他反而精力充沛地创作了一部关于生命意义的小说［这本小说的书名是《如果能在天堂与你相遇》（*Life Tears in Heaven*），后来成为一本畅销书］。

十几年前，当我在与病魔抗争的他交谈时，他对我说：

"我已经意识到，人生的意义不在于得到，而在于给予。"

这句话深深地打动了我。

我想起了迄今为止别人给予我多少爱，也想起了那些被我给予爱的人后来是如何发生改变的。

那时我六十多岁，本来还想继续工作，但听了他发自肺腑的话之后，我决定余生要做奉献。我想告诉人们，通过奉献，社会一定会变得更好。

第3章　心有余地，善待他人

一个人要想从根本上得到幸福，爱是不可或缺的。

如果你得到了爱，得到了你是可以存在的保证，就足够让你得到幸福了。如果有更多这样有爱的人，世界一定会变得更加美好。

你给予多少爱，付出多少爱，你就会得到多少爱的回报。

你付出的越多，爱就会以各种形式回馈给你，你还会因此有更多的余暇给出更多的爱。

我相信，宇宙中存在一种"心灵储蓄罐"，只要不断积累，就会产生复利效应，好事成双。

通过给予他人，我们会怀揣更多的希望。

请不要认为给予就会失去。我们给予他人，并不是因为这对我们有切实的利益。

给予是发自你内心的需要。如果你不付出，很多事情你永远都不会知道。

这并不是什么难事。

比如，你可以给经常来你家送快递的小哥或小姐姐准备一杯茶水。

当他们为此感到高兴时，请你感受下自己心中的喜悦。这对你的心灵将是一种独一无二的滋养。

你的心因给予他人而成长。你的付出总会得到回报。给予得越多,你的胸襟就越宽广。

Column Episode 3
只要不放弃，人一定能改变

在读高中的时候，我开始做志愿者，帮助孩子们学习。

当时，社会上很多人认为"单亲家庭的男孩和女孩有很多都是不良少年"。我心想"这不是真的"，所以当在电车上看到一则招募志愿者的广告时，我便立即联系了他们。

我负责的是一名初二的男生。

虽然他在日本出生长大，但因为是韩国国籍而受到欺负。这成为他不求上进而结伙盗窃的原因，后来他被关进了少管所，并被学校开除了。

第一次见到他时，他抽着烟，还把烟雾吐到我脸上，好像是在说"我不欢迎你"。

我想那时的他一定没有属于自己的归宿，因而不想相信任何人。

记得当我试图阻止他去见他的流氓朋友时，他甚至拿刀对着我。

但我还是不气馁地去见他,在我真诚地和他交谈的过程中,他也渐渐地对我坦诚起来。

他也不愿意当坏人去做坏事。

其实他也想和其他的人一样,正常地去上学,过正常人的生活。

于是,我们俩一起去校长家,请求校长让他回归校园,但校长并没有允许。

就这样,他一次又一次地被剥夺了改过自新的机会。

他好不容易下定决心重新来过,如果在那时放弃,他就会又回到从前……这样绝对不行,于是我最终还是和他以及他的伙伴们交往了四年多的时间。

我从一所大专学校(是我姐姐工作供我读的书)毕业后,去了一家广告公司做销售。就在那时,时隔多年我又和他重逢了。

昔日犀利的眼神和气场荡然无存,他成了一副"好青年"的模样。

见到他的那一刻,我的眼泪止不住地流了下来。

"姐姐,不要再哭了。"他这样安慰我。

从那以后,我再也没有见过他,但他让我懂得,如果周围的人不放弃,并能得到某个人彻底的关心,人是一定能改变的。

第 4 章
用行动磨炼心志

17

通过与人打交道,锻炼5个"内心本领"。

知识和技能可能会过时,但心灵的才华永不凋谢。

我常常说，在这个世界上，要想独立自主，无论是在事业上还是在家庭生活中，内心的本领比学习能力更为重要。

内心的本领主要分为五种：

1. 喜爱他人的本领

--> 与人相识，与人交谈，不分彼此地交往，真诚地喜欢他人。

2. 体贴他人的本领

--> 善良、谦虚、仁慈、富有同情心、为他人的幸福而高兴。

3. 心怀希望的本领

--> 积极思考、克服困难、满怀期待、勇敢向前。

4. 感恩的本领

--> 感恩生命，感恩父母，感恩自然，感恩朋友、感恩指引我们的一切。

5. 彰显个性的本领

--> 欣赏自己的个性、认为自己有用、被需要、能够互相帮助。

就是这五种本领。

所有这些本领都是通过与他人交往培养出来的。

通过喜欢他人,与他们进行更多的交谈,我们学会公平地对待所有人。

与人为善,富有同情心,我们就能学会把别人的幸福变成自己的幸福的能力。

时刻对生活充满希望,保持兴奋乐观,你就可以战胜困难。

明白自己是因他人的存在而存在,对周围的人和环境心存感激,会让你的心灵保持清澈和平静。

接受自己的个性,我们就能更坦然地面对自己的内心和才华。

培养了这些内心本领的人,无论社会上发生什么,他们都能活下去。知识和技能可能会过时,但内心的本领永远不会枯萎。

在我创办的协会中,有一位男士现在对我帮助很大。

他也是协会的创始成员之一,但过去几年里我们一直没有联系。

当时他才二十多岁,我觉得他有很多想做的事情,有很多的想法。

他追求合理性,而我总是被情感和愿望所驱使,于是我们经常发生冲突。

我们互相都很难妥协,于是我很抱歉地决定我们必须保持距离。

不过最近,他又开始来帮忙了。

他的语气和举止变得越来越温和,甚至会骑一个半小时自行车从家里赶到办公室来做一些零碎的杂事或是文书工作,去乡下讲课时不管多远都会开车载我。当时认识他的人看到这些都感到很惊讶。"到底发生了什么!?"他的变化之大,让大家都大吃一惊。

他说,他在社会上经受磨炼,积累人生阅历之后再次认识到,要追求自己的理想,是需要体谅他人,感恩与他人的缘分的。

他的表情也变得很豁达,我可以全心全意地依靠他。

我希望有尽可能多的人来重视心灵的本领,由衷地希望这些才华在社会上得以发扬光大。

＜内心的五种本领＞
1. 喜爱他人的本领
2. 体贴他人的本领
3. 心怀希望的本领
4. 感恩的本领
5. 彰显个性的本领

18

工作、婚姻、养育子女、离婚，只要认真对待一件事，就会有所收获。

重要的不是你取得了什么成果。

我认为，现代社会有太多"你必须成功"，或者"你绝不能失败"等想法。

我不介意人们有这种想法，但如果整个社会都这样想，人们就会故步自封，还会对其他人的行为加以限制。

如果我们把小过失当成大问题，就会把注意力都放在如何防止犯错上。而且当我们犯错时，为了保护自己，我们的行为会变得利己。假如犯了错就会被训斥，人们为了保护自己就不会说对自己不利的话了。

如果没有人能够安慰我们，告诉我们没有失败这回事、不用担心，我们就会越来越压抑自己的内心。

人生并不是由成功的次数决定的。当然，人生也不是由失败的次数决定的。没有所谓的优劣之分。

即便你也这样认为，却不能立即付诸行动，可能也是被这些价值观束缚了。

请诚实地面对自己。

这是你的人生，你有权决定自己想要怎样的生活。或者说，你必须自己做决定。

如果现在你的情况不好，那就努力让它变得更好。

变更好并不意味着要战胜别人，而是去做自己真正想做的事。

如果你需要通过竞争变得更好,那就去竞争;如果你想退出竞争,那就从容地退出。

取得怎样的成绩并不重要。唯一重要的是,你要从经验中学习。

因为如果不学习,你就会重复同样的错误。如果你不想重复同样的错误,就必须学习。

那么如何学习呢?

很简单,去认真地对待一件事。

抛开眼前的得失,全心贯注地投入其中。

不管是现在的工作、跳槽、创业、结婚还是离婚,不管做什么,只要认真对待,它就会成为重要的一课,日后会反哺你。

但如果你随波逐流被外界牵着鼻子走,完全放弃自己的意见,或者只是用世俗的眼光看待事物,那么你就无法学习到。

哪怕只有一次也可以。如果你对目前的生活感到忧虑或不满,不妨试着认真对待它。

认真地烦恼,认真地工作,认真地交谈,认真做家务……无论是什么事情、只要认真做就有其意义。

认真对待一件事,得到的结果绝不是失败,而是你学习的最好机会。你一定会恍然大悟。你将不再觉得自己失败,将有动力去尝试新的事物。

不要认为自己失败了。
只要你认真对待一件事,
以后它总会派上用场。

19

**"天知，地知，你知我知。"
对别人和自己，都不可能欺瞒一生。**

不要管世人怎么看，请以你自己认为的好坏去行动。

"天知，地知，你知我知。"

这句话是母亲一直对我说的。

这是来自中国的一句话，意思是，天上和地上的神仙都在看着你做什么，而且你自己最清楚自己在做什么，所以不能做坏事。

小时候，如果我们姐妹仨做错了事或行为举止不文明，母亲就会面露凶狠地让我们站成一排，从姐姐开始依次重复说"天知""地知""你知我知"。

这是一句非常重要的话，它提醒我们不要做任何会让自己感到内疚的事，也提醒我们不要误入歧途，偏离正道。

有趣的是，当我把这句话讲给年龄很小的孩子们听时，他们会像念咒语一样背诵给我听"tian zhi di zhi ni zhi wo zhi"。

无论年龄大小，他们都能用直觉去理解。这让他们有机会思考自己应该采取什么行动。

据说人的行为有大概90%都是在"不知不觉"中完成的，所以对自己的行为保持清醒的认识尤为重要。

事实上，我们不也每天都在选择自己的行为吗？

从早上起床到晚上睡觉，中间存在成百上千个细小的行为上的选择。你是因为不满而对他人发脾气，还是有意识地改变自己的行为以避免和别人发生冲突？你一定是在不知不觉中做出了自己的选择。

因此，在这些时刻做出更好的选择对我们的人生尤为重要。

这里的更好的行为，并不意味着总是做"道德上正确"的选择。

这不是一个从常识的角度看是对是错的问题。你最清楚自己的行为是好是坏。问题仅仅在于你是否真的想这么做。

如果你一直在做你内心"其实不想做"的事情，你就会发现自己越来越不清楚自己的真心。如果坚持做你内心认为"这样做不好"的事情，你最终可能还会认为自己就是个坏人。压力会在心中累加。

"天知，地知，你知我知"，你无法欺骗自己。

为了不留遗憾和烦恼，我们必须诚实地活着，不能欺骗自己的内心。

试着对自己无意识的行为多一些观察，并试着一点一点地改变自己的行为。

你与人交往的方式,消磨时间的方式,思考的方式,每一天,一点一滴积累就可以。你的人生和你的人格,一切都是你行动累积的结果。

是你的行动在改变你。

如果你的生活方式能让你坦荡存活于世,能让你为自己感到骄傲,就没有比这更美妙的事情了。

你做了些什么,
你自己最清楚。

20

"偶然"也是有意义的。
按照自己的想法去做吧,
那就是正确答案。

运气取决于你能否毫不犹豫地抓住"偶然"。

我经常阅读《日本经济新闻》上的"我的履历"的专栏，包含各行各业的名人和高管回顾其职业生涯的系列文章。

其中让我觉得有趣的是，他们中的许多人都说自己的职业生涯是"偶然"发生的，是通过熟人或偶然的机会产生的。我从未见过有人说自己的职业生涯是经过长期规划的。

"熟人的介绍"或是"一个巧合"，成了他们事业或生活中的巨大转折点，我从未见过有人说"我为此蓄谋已久"。

他们之中的大多数认为，他们的"偶然"都是有意义的。

看似偶然，实则必然。

也就是说是注定要发生的。

我也是这样认为的。

人生中有些事情是因为注定要发生而发生的。如果你能顺势而为，从中学到需要学习的东西，你就能打开一个新的局面。

偶然会发生在每个人身上。

比如，今天在电车上坐在你旁边的人，也可能会成为你一生最好的朋友。

事实上，我通过和飞机或是电车上坐在旁边的人交谈而结识的朋友有二十几个。

我认为，运气的好坏，取决于你能否毫不犹豫地抓住发生在人生重要节点处的"偶然"的机会。

关键在于你能否察觉到它，并立即付诸行动。

那么怎样才能察觉到机遇呢？我认为，最好的办法就是要时刻处在忠实于内心的状态。

我在经营企业时，曾有机会与一家大公司的总裁交谈。

"我们公司已经有别的合作伙伴了。"大公司老板毫不留情地这样说着，一不小心被桌子上的东西划破了手指。

"你不用担心。"他边这样说着边请我离开。然而我还是非常担心，于是去附近的药店买了创口贴、消毒液和绷带，回去交给了他。

那次事情发生后六个月的某一天，这家公司的总裁打电话给我，说："我不能忘记之前发生的事，你可以联系这里，他们可以给你些活儿做。"于是，我就这样得到了一份大型宣传活动的工作。这份工作还为我带来很多新的工作机会。

你永远不知道接下来会发生什么。因此,当你心中有一个想法时,必须毫不犹豫地采取行动。

要想知道自己能否去做自己认为"好"的事,能否随心而动,唯一的办法就是对自己的内心保持诚实的状态。

当你发自内心地行动,就不会有多余的担忧了。

相反,如果你一直在想"到底怎么办才好"而犹豫不决,正是掂量着"这样做更划算"的头脑,与"我其实不想做"的内心在斗争的时刻。

你没必要表现得多么聪明。

不必这么做,人已经很聪明了,所以遇到自己想做的事情时,要毫不犹豫地踏入其中。

如果你听从内心做想做的事,最终总会有好结果的。

不要相信患得患失的头脑,
最终要相信内心的声音。

21

**人心不会为物质所动,
金钱买不到真心。
只有行动才能真正打动人。**

如果你全身心投入其中,
就没有不会被打动的人。

俗话说,人类是"Kanjo"的动物,Kanjo有"盘算"和"感情"两种解释(注:日文中的"盘算"和"感情"发音都是kanjo)。

我认为,感情才是真正打动人的东西。

金钱和物质并不能触动人们的内心深处。

因为无论给你多少钱,你不喜欢的事情大概率还是会不喜欢。

通过金钱和物质来控制人,能控制的程度是有限的。

相反,什么才能打动人心呢?那便是行动。打动人心的是关怀他人或充满热情的行动。

我可以肯定地说,只要能打动人心,你就无所不能。

我非常喜欢"上门销售"的工作。在我还是一名公司职员时曾经自告奋勇地说"我想做销售",当我创办了自己的公司,我最喜欢的工作也还是做销售。

当我去离家很远的地方推广业务时,我曾只买一张单程票,下定决心"不接到订单就不回来"。当预约被拒绝时,我也曾跑到要去的公司的前台说:"打扰一下,我是先前被拒绝的高桥,我想看看那天拒绝我的某某先生的脸长什么样。"

我喜欢销售工作的原因是,做这行并不需要某个领域的特殊知识或是很高的学历。只要你有激情和行动力,就能够做下去。

做销售也不需要人脉。事实上,如果靠关系和介绍做会更难,因为碍于介绍人的面子你必须小心谨慎,不能使出全力。

毕竟对方也是人,如果你全力以赴,没有人不会被感动。

我自己开公司的时候,一开始也是没有任何进展,但我试着像我说的那样全力以赴地上门推介,在发每份新闻稿时都会附上一封信,相信或早或晚总会有人发现它。

后来有客户说,"每次都很期待"收到那封附带的信,之后这便成了我得到新合同的契机。就这样,我也拿下了和大公司的合约。

只要你行动起来,就一定能打动人心。

我之所以这样想,是因为十几岁时当志愿者照顾少年犯的经历。

不良少年和不良少女的共同点是,身边缺乏给他们良好影响的成年人。

他们没有从父母那里得到足够的爱,因此他们会反抗,或是为了报复父母去做坏事。

然而,他们并不是真的想做坏事。

他们只是想让父母看到他们,理解他们的孤独。他们只是想听到有人对他们说:"没关系,你可以在这个世上存在。"

事实上,我负责的那个帮扶对象一开始也是不理我或拒绝我,但在我给予耐心的陪伴后,他渐渐地开始和我说话了。

他会告诉我他身边发生的事情,也会告诉我他心中不能告诉别人的想法。

其实他并不想去做坏事,也想和其他正常人一样生活。

就像扣错了的上衣扣子,他只是有点错位而已。

然而,身边的成年人却否定他的存在,说他"一文不值",或者剥夺他改过自新的机会,导致他本已半敞开的心扉变得更加紧闭。

无论现在或是过去,所发生的事情都没有改变。

必须有人向他们伸出援手,否则有些人只靠自己的力量是站不起来的。

但无论他们是什么样的人,只要有人不遗余力地帮助他们,温暖他们的心灵,他们就会找回自信,重拾自我。

育儿、教育、工作都是如此。

人心看似复杂,其实很简单。

如果你身边有需要帮助的人,请做那个能够帮助TA的人。

无论怎样的人,只要内心有所触动就能变好。

有一个支持自己的人,哪怕只有一个,你就能安心地表达自己的真实感受。

22

不要光让大脑流汗,
你的身体和心灵也要流汗。
这才叫全心贯注。

请不要忘记,人们会被你努力的姿态所打动。

一天,一个年轻人来找我。他说:"我正在考虑要不要做一个生意。"

于是,他向我展示了他的商业计划。

但有一个问题,他的声音很小,我听不太清楚他在说什么。

最终,我不耐烦地对他说:"即使你有一个很好的计划,你的声音也不能这样!银行的人也会看人的,你这样他们是不会借钱给你的。首先是你的声音!你要大声些!"

我不得不向他指出这个问题。

当我问他为什么创业时,他告诉我,他与公司老板沟通不太顺畅,这也是他想自己创业的原因之一。

无论社会如何发展,人与人之间的交流是永远不会消失的。最终,人们看的都是人本身。

请不要忘记,人们会被勤奋、富有激情和奉献的精神所打动。

做任何事情,尤其越是重要的事情时,越需要全身心地投入。

全身心地投入意味着不仅要用头脑,还要用身体和心灵，满怀激情地去做作为一个人所能做的事情。

全身心地投入其中，你总会取得好的结果。相反，无论你做什么，或是试着改变环境，如果没有全身心地投入，你就无法打动别人，也无法改变自身的存在方式。

当遇到不顺心的事情时，希望你可以想一想，是否真的在使用你的身心行动，还是只是在用你的头脑行动。

事情的突破，往往就在于一个简单得出奇的地方。

作为一个人，你要满怀激情地做力所能及的事。
你努力的样子定能打动别人。

Column Episode 4
做销售的女人

大专毕业后,我开始在一家广告公司担任销售。

我接触的第一个客户就是我毕业的大专学校。

毕业后,我顺利地找到了工作,我想感谢学校对我的教育,并以这个理由约见了学校的理事长,与他交谈时我非常热情,最后还向他做了推销。

当我结婚并从公司辞职后,我依然通过别人的介绍做各种销售工作。

因为目睹了母亲在丧夫之后的艰难,我一直认为,"无论发生什么事,女人都应该具备独立生活的能力"。

我卖过各种各样的东西,包括保险、化妆品等,不寻常的还有女士用的假发等。

每份工作看似不同,但基本原理都是一样的。

无论如何,试一试就好。

比如,当我还是一名保险推销员时,我努力地让人们先接受我的名片。我还会在与人见面后立即写一封感谢信并用特快专递寄出,或者在销售假发时说服前台漂亮的小姐姐去卫生间试一试产品等。

有些可能只是在那个时代才能做的事情,我是二三十岁时一边带娃一边做了这些事。

但是,另一方面,由于夫妻关系出了一些问题,我离婚了。42岁时我决定自己创业开公司。

第 5 章
让自己和他人的内心都获得安详

23

**无论社会、组织还是个人，
如果我们不珍视人们的内心，
早晚会运转不下去。**

人与人之间的联系不仅仅是金钱和契约。

第 5 章　让自己和他人的内心都获得安详

前面我一直在重复"内心"这个话题，而我认为，昭和（注：日本年号，1926年底—1989年初）与平成（1989年初—2019年4月）时代，金钱与物质比起以往任何时候都更有价值。

数字、合理性、契约、效率，的确，这些都很重要。

当一个社会或组织试图发展壮大并保持其规模时，用这种方式进行管理会更容易。

但这并不能解决一切问题。因为这只是一个"功能"的问题。

一个人的为人处世，对幸福的定义，还有生活的丰富程度，不能仅仅用金钱和物质来衡量。正如头脑、肉体和内心合而为人，整个社会也需要一颗"心"。

我听说过一家名为"银色人力资源中心"的公司，这家公司专注于60岁以上的人才派遣。

一个人告诉我，她被派遣去一对年轻夫妇家里做家务。

当打扫完房屋后，客户夫妇突然发现地板上还有一根头发。

银色人力资源中心的人表示道歉并试图将其清理

干净时，却听到这对夫妇怒气冲冲地说：

"你是专业人员，要好好干才行啊！……我们不能为这么差劲的工作付工钱……"

如果实在太差那也没办法，但如果只是一根头发，稍微清理一下就没什么大不了的。

但他们却说出"你是专业人士"或"我们是你的客户"这样只站在自己角度的话，我听了之后很难过。

对方并不是拿着高薪的专业管家。当我想到这对夫妇是否也对自己的父母说同样的话时，我感到很难受。

"非常感谢您的辛勤工作，谢谢您对我们的帮助"，他们怎么不能这样说呢？

看到或听到人与人之间说出这种无情的话时，最让我伤心。

"只要对我自己来说合适就好"，如果每个人都这样只考虑自己，世界就会停滞不前。社会一旦停滞，流动就会变得缓慢，社会就会变成一潭死水。

人不是机器，是有感情的生物。

如果没有爱，人们就无法安心地生活。不给予爱，就得不到爱的回报。

内心才是根本。如果我们不对自己和他人的心灵给予更多的关爱,世界就会变得越来越失衡。

我想提醒大家,请务必记住人与人之间的联系不仅仅是金钱或契约。

一句话、一个行为,有时就能拯救一个人,让其内心得到宽慰。

照顾好自己的心,同时也照顾好他人的内心。
如果没有这种循环,社会就会停滞不前。

24

**对于孩子,要给予尽可能多的爱。
这份爱能创造未来。**

我不希望人们把现在发生的问题当作别人的问题。

第5章 让自己和他人的内心都获得安详

精神科医生认为,对人的内心来说,最重要的是自我认同感。

自我认同感就是一种认为自己可以存在的感觉。

这种感觉尤其取决于人在年幼时从父母那里得到了多少爱。

在父母的浓浓爱意中长大的孩子大多充满自信,无论什么时候都能够积极地应对挑战。但是,如果一个孩子因为某种原因得不到足够的爱,就会变得不自信。

看到最近发生的一些悲惨事件后,我觉得可能有很多年轻人都缺乏爱。

我觉得他们好像在说"请关注我",暴露出内心的孤独、怨恨和不安全感。

我认为这不是他们自己的错。

他们父母那一代也可能是缺乏爱的,所以不能给予自己的孩子爱。

再进一步说,这意味着他们父母的父母,也就是他们的祖父母那一代,也没有能给予自己的孩子足够的爱。因为自己没有得到爱,所以无法为他人倾注爱。而今天的孩子们好像正在承受着这种恶性循环的后果。

这不是某个人或某一代人的错，而是整个社会的问题。

所以，请不要把现代社会存在的问题看作别人的问题。

请给予幼小的孩子们足够的爱。

当自己都得不到满足时还要给予他人爱，并不容易做到，但这份爱会为孩子们创造未来。

我认为这是对今后的社会来说最重要的事。

无论社会如何变迁，只要我们能够满怀希望地生活，世界一定会变得更加美好。

孩子是上天赐予我们的礼物，一直以来人们都说："要大家一起爱惜和栽培。"

这是因为孩子们可以在从他人身上得到的爱中成长，并通过给予他人爱而继续成长。这样世界将变得更加美好。

请你想象一下婴儿的脸。

看到他们脸上的笑容时，你怎么会讨厌他们呢？你认为他们当中有从一出生就是邪恶的人吗？

每个孩子生下来都是要被照顾、被爱的。

我们也应该是这样长大的。

一直说"不要"拒绝他人的孩子,一定是有原因的。

屡次行为不端的少男和少女,变成那样也都是有原因的。

这是父母的责任,也是整个社会的责任。某种意义上说,当下的社会现象的出现是注定的。

我认为好管闲事很重要的原因之一,就是我们需要彼此关爱,这是我们保持稳定情绪的必要条件。

让我们不遗余力地尽可能多地付出爱。

如果我们这样做了,爱就会循环起来。

我相信这会让社会变得更加美好。

通过接受爱,付出爱,
人们的内心就会变得稳定和充满活力。

25

**因为忽视了内心的声音,
你才会充满焦虑和不满。
请安抚你的内心。**

你不必喜欢自己。

你不必去判断喜欢或不喜欢,不必评判是对是错。

第5章 让自己和他人的内心都获得安详

爱对人来说是最重要的东西之一。

但究竟什么是爱呢?

有很多种解释,我认为它是一种发自内心的安全感,即:"你(我)都可以在这个世上存在下去",这就是爱的本质。

爱并不是一种"比喜欢更强烈的感觉"。

我认为,爱就是去告诉人们,他们的存在是没有问题的,让他们从心底感到安心。

这就是我们为什么会有身体碰触和语言交流,因为这就是我们确认彼此的爱的方式。

理想情况下,每个人都应该从父母那里得到很多爱。

但不幸的是,情况并非总是如此。

向我寻求建议的人中,有很多都是在糟糕的家庭环境中长大的。

有些人很难原谅自己的父母,又有些人对父母心存感激,但另一方面又觉得父母控制了自己的人生。

这都是非常不幸的,但你不能一味地责怪父母或其他人。这样是无法前进的。

请记住,爱不一定要从他人那里获得,你也可以把爱给自己。

爱自己,并不等于你要喜欢自己。

我认为,你不必喜欢自己。因为喜欢或是不喜欢,毕竟是一个评价和判断。

但人的生命没有好坏之分,没有喜欢或不喜欢。

爱自己,你只需温柔地轻轻地对自己说:"做你自己就好。"

当你内心感到焦虑和无助时,请你这样对自己说。

这样做,你的内心会告诉你很多事情。

你现在感觉如何?你希望别人为你做些什么?你真正想要的是什么样的生活?

首先,请试着倾听这些心声。

你的大脑可能会对你说"我讨厌这样的自己"或"我不该这么天真",但不要理会这些。

因为你总是在用头脑思考,忽略了内心的声音,你的内心才会充满焦虑和不满。你越是强迫自己压制它,反作用力就会越大。无论内心的声音是什么,都要温和地告诉它:"依然做你自己就好。"

请重复说这句话,直到你的内心平静下来。

第 5 章 让自己和他人的内心都获得安详

当被这样的爱包围时,任何人都可以善待他人。

当你的内心感到不安时,
请反复对自己说:
"你就是你,做自己就好。"

26

不要为自己的人生找借口。
谎话堆积,才会更害怕受伤。

心中没有阴霾,诚实地生活,才是最简单的。

第 5 章 / 让自己和他人的内心都获得安详

每个人都害怕受伤。

回想一下我们什么时候会受伤呢?是不是当我们自己的存在被否定,就会觉得受伤呢?

如果有人对你说"我不需要你",想必你会感到受伤吧。

然而,有一种方法,不管别人对你说了什么或做了什么,都可以让你完全不受伤害。

这个方法就是不为了保护自己而找借口、说谎话,要问心无愧地诚实生活。

相反,如果你心怀愧疚,当别人对你说了什么或做了什么时,你就会受到伤害。而为了避免受伤,你会编造谎言或找借口来试图保护自己。

世界上确实发生了一些让人痛心的事情,但我不相信任何人能做到做了坏事还可以问心无愧。

做了坏事之后,人们内心深处一定会有负罪感和自责。所以他们会找借口为自己的行为辩解,或者说谎让自己的行为正当化,仿佛在说"这不是我的错"一样。

然而,一个谎言会衍生更多的谎言,不是吗?

如果你撒了一个小谎，就必须撒另一个谎来掩盖它，就必须扮演一个虚假的自己。

你越想保护自己，找的借口就越多，就越要隐藏自己的真实感受。

为了保护自己敏感的心灵，你甚至会穿上厚重的盔甲，猛烈地攻击别人。

但这对你的内心来说应该是非常痛苦的。

我并不是说，你要按照普世的道德标准去生活，或者你应该活得像圣人一样。

你不必听从任何人，你可以自由地生活。总之，"你应该如何生活，你的内心都知道"，仅此而已。

每当你感到迷茫，想找借口时，请试着倾听自己的内心。

当你遵从自己的真实感受，不找借口时，生活会变得更轻松。

我们都会犯错。这时，周围的人也应该多些包容，给犯错的人一个机会。

不要用谎言和借口为自己辩护。
你越是坚持固执,就离诚实越远。

27

**有时也要神经大条心若顽石,
生活中只吸取对自己有利的东西。**

不必事事都认真地接受。

第 5 章　让自己和他人的内心都获得安详

前面我们谈到了被伤害和不受伤害，但现代的大多数人都有点过于温柔和敏感了。

当然，这是件好事，但也有很多人说话冷酷无情，与他们生活在一起，有时神经大条一点也是好事。

总之，神经大条的意思就是只吸取认为对自己有利的东西，往好的方面想，忽略那些对自己不利的东西。

举个例子，假设你的上司或家人经常否定你，挑剔你的不足，如果你认真地与这样的人对峙，你就会感到疲惫和受伤，而这正是他们希望的。

把手放在自己的胸口，回想自己的行为，如果有你觉得是错的部分，那就接受那一部分。如果你认为自己没有什么问题，也没有什么可以弥补的，那就当作没听到。

你不必努力让别人喜欢你。

估计无论你做什么，他们可能都不会喜欢你，就随他们去吧。

攻击别人的人是孤独的、敏感的、小心眼的。

某种程度上，他们也是可怜的人，他们因为自己的成长经历和周围成年人的影响而变成了那样。但这不能成为他们伤害他人的理由。

如果有人说了一些可怕的话,否定了你的存在,那么请你坚决地说:"我不认为你应该这样说。"

如果那个人反反复复地说,那就不要放在心上。

最糟糕的事情就是你被带入同样糟糕的境地。

如果你和对方陷入同样的境地,就很难回头了。

所以,不要执着于讨人喜欢。如果对方不喜欢你,那也没什么关系。

尽量降低你的参与程度,转而做你喜欢的事情。尝试与自己喜欢的人在一起。

算命占卜也是如此。

如果你知道自己会过于相信算命的结果,那么最好永远不要去算命。

举个例子,如果你通过算命得知现在对你来说是一个不利的时期,那么你就会担心所做的事情可能不会成功,会担心事事不顺,或许你每一次都还会不安地自问:"这次会顺利吗?"

如果无论做什么都会有不好的事情发生,那么不去算命,随遇而安地生活不是更容易吗?

第5章 让自己和他人的内心都获得安详

人生中有些时候，无论你如何挣扎，也都无能为力。

这种时候请你泰然接受，认为只是这个时期这样，然后微笑着顺其自然。

相反，如果有对你有利的好事发生，哪怕只有一点点，你也可以为之感到很高兴，在小事中找到快乐。

不好的东西就不要往心里去，内心只储存那些对自己有利的东西。

28

别再做乖孩子、老好人了。
这样,你真正的魅力就会显现。

即使你不再当好人,也仍然会有喜欢你的人。

第 5 章　让自己和他人的内心都获得安详

如果一个人不自信,就会担心别人对自己的看法。

别人会怎样看我?我是不是必须要举止端庄?等等。

在这种时候,你是不是对他人太过用心了?是不是太过努力地去当好人了?

当你感觉良好、事情进展顺利时,这可能没什么问题。别人称赞你或你取得好成绩时,你就会有更加努力工作的动力。

然而,很多事情并不总是如你所愿。有时你越是逼迫自己,就会越力不从心,甚至竹篮打水一场空。

如果你因为担心别人的看法而努力,当事情进展不顺利时,你就会容易感到疲惫。

我为什么不成功?我是个不太行的人吗?这会让你越来越没有自信,失去行动的能量。

很多人都太努力去做一个乖孩子、一个老好人了。

如果你不再做一个老好人,与人打交道你就能不再勉强,就能够展现自己真正的力量和魅力。

你有想做好人的想法,拥有温柔的内心,这就足够出色、足够了不起了。

要想不再做老好人,就要改变你所关心的人的"范围"。

不要试图让你周围的每个人以及与你交往的每个人都认为你是好人。

首先,只关心那些你真正想关心的人。

即使你不做一个好人,也仍然会有人爱你。

请你闭上眼睛想一想,有些人,只要你微笑,他们就会很开心。他们是谁呢?

那就是你真正想在乎的人。

如果你能珍惜那个人,你就会被珍惜。

你的内心会变得稳定,你就能毫不费力地善待他人。

有人只要看到你微笑就会感到高兴。
珍惜那个人更为重要。

29

**别人面对巨大的痛苦时，
不要去同情和附和。
仅仅是倾听就会有帮助。**

解决别人的问题并不是重点，
重要的是让对方把真实的感受吐露出来。

我接触过很多有烦恼的人。

有些人因为各种原因抑郁了,有些人在困境中挣扎,有些人深感悲伤或孤独,我听过他们的各种故事。

甚至连心理医生都告诉我,听这样的故事,有时会让自己逐渐失去信心,并问我:"你为什么没被拉向那个(消极的)方向呢?"

我的回答是:"你必须保持你的气场(精气神)。"

虽然我不是练气功的人,但我认为任何时候都不能降低精气神,这一点很重要。

具体地说,无论对方多么悲伤或愤怒,基本原则是不要同情或附和。

在倾听他人诉说或提供意见时,不必试图与对方有相同的感受,也不必试图深入到对方的内心世界。

善良的人会倾向于同情对方,感受到同样的负面情绪,但因此陷入同样的负面情绪是不可以的。

比如,当你的家人没有活力时,若你也感同身受,那么机会就会从你们身边溜走。

你不必解决对方的问题,只需要倾听对方的心声就可以了。

第5章 让自己和他人的内心都获得安详

如今,能让人们袒露真情实感的地方越来越少,所以只要不计较利害地倾听他们的心声,也会令很多人感到被拯救。

还有一点,比什么都重要的是,你必须相信他们的情况一定会好转。

我在做"管闲事"活动时,曾与抑郁症患者交谈、互发电子邮件,结果发现,那些有心理问题的人、抑郁症患者如果能够得到彻底的关怀,所有人都能治愈。

每天倾听他们,和他们打招呼,哪怕只是一小会儿。尽可能多地给予他们爱,他们就会康复。

别担心,你会好起来的。拥有这种信念很重要。

相信对方会好起来,
倾听他们,与他们交谈。
这样做可以拯救很多人。

30

不必和伤害你的人做朋友。

你不必为他们的软弱负责。

第5章 让自己和他人的内心都获得安详

有些缺乏自信的人极力试图伤害他人。

这种人试图通过剥夺他人的自尊来获得自我安全感。

而心地善良的人可能会把这种人说的话当真,恶行就会升级。

这是一个很大的问题。

你不必听从这些,也不必理会这些。这完全是他们内心的软弱所致,你无须为此负责。

如果这个人是你身边的人,比如你的伴侣,那就和对方好好谈一谈。

如果对方不想谈,或者根本不听你说的,那么最好尽早离开他们。

如果你的自尊心受到伤害,内心情绪不稳定,对你周围的人也会有不好的影响。如果你有孩子,尤为如此。

孩子们不想看到父母生气的样子。他们也不想看到你伤心、情绪不安的样子。相反,他们只想看到你充满活力的微笑。有没有钱并不重要,对于孩子们来说。

当不能相信自己时,人们就会感到不安。因为不能相信自己，一点小事就会让你变得咄咄逼人，甚至伤害他人。

但你可以尽快摆脱这种状态。

按照你自己的意愿生活就好，这样你就什么都不用担心了。

如果你按照自己的内心坚强地生活，意志薄弱的人就不会靠近你了。

如果你有一个"我想这样做"的强大内心，意志薄弱的人就不会靠近你。

Column Episode 5
女创业者来了

离婚后,我在 42 岁时创办了自己的公司。因为没钱雇人,我就拉着当时还在读高中的大女儿跟我一起。

因为我曾在这个行业工作过,而且不需要启动资金,所以创办了一家公关(PR)公司。但这个行业有很多实力雄厚的大公司,更何况我的公司是一家"全部都是女员工的公司",更确切地说,是一家"由妇女和孩子经营的公司",所以做起来并不是一件容易的事。

有人曾对我说,"我们不能把工作交给一家不知名的公司",每次听到这种说法,我都会用这种碰壁时的挫败感激励自己,发誓下次要做得更好。

好在没有什么可失去的,所以我们能够不瞻前顾后地想方设法拿到订单。

礼貌、迅速、不偷工减料、用心……当我努力做到这些时,渐渐地支持我的人出现了,甚至我还能雇到人。

这看似是一个非常艰辛的时期,但充满了快乐。

无论怎样还是应该享受一切。

因为我的坚持被卷入其中的大女儿，不知是幸运还是不幸，在艰苦的环境中迅速茁壮成长起来，于是后面我从公司业务中退了出来。

然后，我一边带我的外孙，一边想我的下半辈子该做些什么，我的结论就是成立"爱管闲事协会"。

第 6 章
人生过半才更有趣

31

**生活不会像你年轻时计划的那样。
从 40 岁起,重启一次人生。**

理想和憧憬,随着年龄的增长会成为阻碍。

第6章 人生过半才更有趣

我常说，人生的下半场才开始有趣。最近我越发觉得："后半生的后半段才更有趣"。

我并不是嫌弃"衰老"这个概念，而是觉得应该抛开是否变老这种想法去尽情享受生活。

孔子的《论语》中有这样一段名言：

"子曰：吾十有五而志乎学，三十而立，四十而不惑，五十而知天命，六十而耳顺，七十而从心所欲，不逾矩。"

这是孔子的人生感悟，大致意思是：

"我十五岁就立志学习，三十岁时自立，四十岁时遇到事情不再感到困惑，五十岁时得知上天给予的使命，六十岁时能听得进各种不同意见，七十岁可以随心所欲却又不超出为人的规矩。"

细细品味，我认为真的是这样。人在不同的年龄段和人生阶段会有不同的发现和喜悦。

我 25 岁左右结婚，一边工作一边养育子女。

就这样生活了大约 10 年，决定离婚时，我已年近 40。

我想带着孩子们一起生活，于是我要赚更多的钱，就选择了自己创业。

机缘巧合下,我的人生开始向一个意想不到的方向转变。

但人生大概就是如此。

生活很少会像你20多岁、30多岁和40多岁时所规划的那样进展。

你会从父母和周围的成年人那里学习人生,并按照他们的价值观生活,直到30多岁。当人过40岁,你自己的价值观就会变得更加清晰。

当然,我并不是说你到了40岁就应该开始新的工作,或者考虑结婚或离婚。

而是,你应该可以放下"我必须按照理想去生活"的想法了。

请试着理清你的内心。

理想和憧憬在你年轻时是一种动力,但随着年龄的增长,它们就会成为一种枷锁,会成为我们不满和焦虑的原因。

因此,在40岁左右时重要的是理清自己至今都做了些什么,学到了些什么,看看自己真正看重的是什么,并以崭新的精神面貌去生活。

然后,你可以尝试新的事物,也可以以崭新的姿态继续你的日常生活。

无论如何,请试着面对自己,消除心中的疑虑。

幸运的是,现在的40多岁比过去看上去要年轻得多。

只要下定决心,就没有做不到的事情。无论何时,人生的起点就是现在。

到了40岁,是时候整理生活的思绪了。
调整好心态,迎接全新的开始。

32

**人到60岁,
崭新的生活刚刚开始。**

年龄越大,身份和头衔就越没有意义。

当我回顾自己的一生时,我意识到真正的自由生活始于 60 岁之后。

步入 50 岁后,不少人会从任职的公司退休开始自己的第二职业。有些人还可能会升级成为祖父母。离开"某某公司的社员""父母"这样的角色,开始一段不一样的人生。

我自己也是在这个时候开始摸索自己之后的生活。

进入 60 岁之后最美妙的事情是,周围的人也开始在很大程度上认可我的个性。人们会想:"她就是这样的人,拿她没办法……"我年纪越大,这种情况就越多。

根本上,人到了 60 岁左右,就很难抑制自己的本性了。虽然不能说是"返老还童",但人们的确会回归到童年时的本性。

别把它当作坏事,乐在其中就好。

这是年纪变大的一个红利。

如今与过去不同,并不是到了 60 岁就可以退休养老了。前面我介绍了孔子的话,此外,被誉为"日本近代经济领路人"的涩泽荣一也给我们留下了这样一段话:

"四五十岁是个流鼻涕的小毛孩,六七十岁是工作的壮年,九十岁的时候老天来找你,请你告诉老天等到一百岁再来并把它赶走。"

所以说,60岁仍然是正当年。

不要考虑做某件事是否"符合自己的年纪",去做自己想做的一切就好。

我如今仍然会做美甲,想穿高跟鞋的时候就穿,从不担心自己的年龄。

我不认为因为老了,就必须表现得像个老人,只要觉得自己还年轻,就能活出我想要的样子。

相反,如果你认为"自己太老了……",就会变得老态龙钟。

另外一件重要的事情是,年龄越大,你的身份或头衔的意义就变得越微不足道。

如果你拘泥于"过去曾是这样的"之类的无趣的想法,你将永远无法享受闲暇时光。

会享受,人生才会赢。

开始一段新的友谊也好,培养新的兴趣爱好也罢,尽情去做吧。

请不要留下任何未完成的心愿。如果你有想挑战的,就去做吧。

人生永远不会太晚。我认为重要的是,老年人要保持活力,这样子孙后代才会对未来充满期待。

我希望你可以对年龄的增长满怀期待,迎接新的挑战。

从60岁开始,人生变得自由而有趣。
享受人生才是赢家。

33

从 70 岁开始,
才真正开始理解别人的感受。

任何经历都可以成为自己的精神食粮。

孔子说:"七十而从心所欲,不逾矩。"意思是,七十岁的时候,可以按照自己的内心愿望行事,同时也不偏离为人之道。"矩"即规矩,指为人的规则和道德准则。

很多人觉得,随着年龄的增长,体力和脑力都会下降,认为变老不好。然而,随着年龄增长我们也有很多可以成长的地方。

尤其是心智。我认为,心灵是唯一可以随着我们自己的存在而不断成长的东西。

在生活中,我们会不可避免地遇到越来越多亲近的人过世。有时,听到比自己年轻得多的人去世的消息会让人心碎。

当我们想到对逝者的思念,以及他们的父母和家人的心情时,往往会感到悲伤阵阵来袭。

随着年龄的增长,我们会逐渐学会如何接受这种悲伤,如何用自己的方式去克服它。

我们也会从别人的死亡中学到一些东西。

有人去世时,我们会举行葬礼,这不仅是为了去世的人,也是为了我们这些留下来的人。

我们回想与逝者的美好回忆，表达我们的感激之情，并向逝者道别。

这样，我们就会意识到，现在的美好生活并不是理所当然，而是值得珍惜的。

重新审视当前的环境，你就能更加坚定信心。

快乐与悲伤的经历，都会成为滋养心灵的肥料。

悲伤并不会终止于悲伤的事件本身，你可以将其作为内心的养料。

如果你以符合自己内心的方式生活，你的内心就会不断成长。

不必对变老持悲观态度。

与人交流、积极活动，会让人越来越快乐。

经历得越多，
你就会越了解如何对待自己的内心。
内心会成长。

34

弥留之际，人们会想些什么？会有怎样的觉悟？

当你心存疑惑时，希望你可以思考一下。

前几天,社交网站上一位澳大利亚女子的一封信被广泛转发。

这封信是年仅27岁就身患癌症去世的霍莉女士写的,她的遗属遵从了她的遗志,这封信在她去世后被公开。

请允许我在此引用其中的一部分:

我今年27岁。我还不想结束我的人生。我热爱我的生活,我很幸福,但我已经无法再控制它了。我只希望大家不要太过在意琐碎和无意义的事情。

请记住,我们最终的命运都是一样的。所以,我希望你可以把时间用在自己认为非常棒的、有价值的事情上。你不必做任何你不想做的事情……

有些人抱怨工作有多辛苦,运动锻炼有多艰辛等,但首先,请你感谢自己拥有足够让你活动的健康身体!

即使你的体形并不理想,但只要你身体健康,身体机能正常,足以是一件非常美好的事。请你注意不要暴饮暴食,适度锻炼,并食用新鲜食物滋养身体。

第6章 人生过半才更有趣

请你们互相帮助，给予、给予、再给予。通过给予他人而获得的快乐是无与伦比的，我也希望我自己能做得更多就好了。

自从我生病之后，有很多人都给予了我支持。这是我永远都无法报答的，我一辈子都不会忘记……

请你为生活而工作，不要为工作而生活。做让自己内心快乐的事。你可以吃蛋糕，没有什么好内疚的。

如果你不想做某件事，就明说出来。你不必为别人认为的理想生活而感到有压力。想平凡地度过一生也是完全可以接受的。对于你爱的人，请你每天饱含爱意地告诉他们你爱他们。

并请记住，如果有什么事让你感到痛苦——无论是工作还是爱情，你都有能力改变它。请你鼓起勇气去改变它。你无法知道自己还能在这个地球上存活多久，请不要把时间浪费在这些事情上。虽然很多人都这么说，但我认为这再正确不过了。

总之，这是一位年轻女性的人生忠告。你记住它或者是忘掉它，我并不在乎。

最后还有一件事，如果可以，请你定期献血。虽然这经常被忽视，但一次献血就可能挽救一条生命。这是我们每个人都拥有的巨大力量。多亏献血，我才能多活了一年。我永远不会忘记与我所爱的人一起共度的这一年。这是我生命中最美好的一年。

再见，直到我们再次相见。

霍莉

当看到这些文字时，我再次对迄今为止的生活心生感激，并对未来充满了信心。同时，我也有些后悔，后悔当初没有去献血。当思考什么是生命、什么是生活时，没有什么比一个即将逝去的人的话更接近本质的了。

我们每个人都会死亡。虽然迟早都会面对，我们却在日常生活中把它忘了，认为永远都还有时间。然后我们会被一些琐事困扰，把时间和精力都花在这些小事上。

如果今天是你生命的最后一天，你会给身边的人留下怎样的话？也许从这些话语中你可以找到帮助你尽情享受生活的启示。

第6章 人生过半才更有趣

一个人的遗言寄托着他的灵魂。
你会留下怎样的遗言呢?

35

父母与子女之间有剪不断的纽带,请时不时地品味它的重要性。

父母与子女在一起的时光,看似漫长,实则短暂。

当我看到人们在照顾老年人的问题上互相推诿责任，在财产分割问题上争夺不休时，我会感到非常痛心。

亲子关系各不相同，但有一种不可分割的特殊纽带。

即使到了我这个年纪，我仍然会时不时地想起已经去世的母亲。

父母和子女在一起的时间看似漫长，实则短暂。我希望无论过去有过怎样的恩恩怨怨，最终父母与子女都能对彼此心存感激。

如果你父母还健在，我希望你能记住这个关系的重要性。

作为思考这种亲子关系的提示，我想推荐樋口了一的歌曲《Tegami》（一封信），

《Tegami》
即使有一天我老了，与过去的我不同了
请理解那时的我
即使我把食物洒在衣服上或忘记系鞋带
我希望你能像我曾教给你各种事物那样守护我

即使当我跟你说话时一遍又一遍地重复同一个话题

希望你可以跟着点头,不要在我说出结局之前打断我

你曾求我一遍又一遍地朗读的故事书的温暖结局

每次都一样却总能让我感到内心的平和

这并不是一件悲伤的事,我希望你用鼓励的目光,目送似乎正在远去和消失的我的心

…………

不要因为看到我现在的样子而感到悲伤,也不要认为你自己无能为力

我知道你得知我已经没有力量去拥抱你是件难过的事

但我希望你有一颗理解我、支持我的心

仅仅这样,我就会涌现更多的勇气

就像我在你生命之初陪伴你一样

希望在我生命的尽头,你也能稍微陪伴我左右

我想用因为你的降生而带给我的无数欢乐

还有对你一直不变的爱来微笑着回答你

献给我的孩子们,我亲爱的孩子们

这首歌据说译自一首葡萄牙语的歌曲（作者不详）。

这首歌提醒着我们，在父母与子女之间不断变化的关系中，存在着不变的爱。

父母与子女之间有许多不同的情况，我也知道护理老年人并不容易。但是，请你想想你的父母，哪怕只是偶尔给他们打个电话。即使只是小小的联系，有和没有也存在很大的不同，对于避免老年人成为诈骗和其他犯罪的受害者意义重大。

如果你有伴侣，请不要说对方父母的坏话，要像照顾自己的伴侣一样照顾他们。

你付出的爱，总会回报给你的。

对父母的感恩和对子女的爱，
是人际关系的基础，
是最重要的事情之一。

Column Episode 6
我还不知道那朵花的名字

最近,我非常珍爱一盆花。

那是我收到的礼物,一盆可爱的深紫色的花。

这盆花真的很健康,在其他花都陆续枯萎的时候,它依然保持着挺拔的状态。我心想:"我要好好照顾它。"于是,我一边给它浇水,一边检查土壤的状况,给它补充营养,就这样一晃过了 8 个月,它一直保持着良好的状态。

有一天,我对客人介绍了这盆我已经产生了深厚感情的花,并说:"这盆花一直生机勃勃!"

然后客人告诉我:"惠女士,这是人造花啊。"

我不敢相信,不禁大叫道:"什么?"我摸了下这盆花的花瓣,花瓣是硬的,叶子也是硬的。

花果真是人造的。

难怪它一直也不凋谢,我这时候才终于被说服了。我在过去 8 个月里竟然都没有注意到这一点。

信念的力量就是这么强大。

不过没关系。

反正它能让我感到幸福,也没有打扰到任何人。

它让我意识到,生活中还会有很多有趣的事情发生。

第 7 章
随心所欲地生活

36

**不要再三考虑之后再行动,
下定决心就要立即行动,
结果会随之而来。**

这与你是否能够做到无关,
而是你的内心先决定了"会是这样的结局"。

"在你敲打石桥的石砖之前,先迅速走过石桥"(注:日本的俗语里有"敲打石砖过石桥"一句,形容做事非常谨慎的样子),这是我最重要的行为准则之一。人们之所以感到生活困顿,或者觉得做不了自己想做的事,很大程度上是因为没有采取行动。

我们想得太多,试图把事情做得聪明且完美。

比如,当你遇到可能想做的工作时,可能会担心自己"没有任何经验"或是"怎样才能得到面试机会"等,这是很浪费时间的。只需打一个电话或发一封电子邮件就行,如果你推迟采取行动的时间,就会失去机会。

如果你想做某件事,如果你有机会去做,请首先坚定地在内心坚信这件事"会这样结局",或是"我要这样做"。

这不是你能不能做的问题,首先要决定"这就是我要做的事"。

然后,许多事情就会如你预期的那样实现。

这是为什么呢?

这并不是什么神奇的力量,最大的原因可能是因为你会进一步思考如何才能实现。

比如，如果你决定"要去见这个人"，就会想到很多方法。接下来，你想到的是如何与这个人取得联系。下一秒，你就会试图联系这个人，迈开双腿去打听这个人，去办理手续，去立即行动。

当你有一个想要实现的梦想或目标时，你应该听从的并不是别人给的看似正确的意见，而是你的内心告诉你什么。一切都取决于你的内心。跟随你的内心，做你想做的事。

当你采取行动时，你会发现你需要做的事情和之后需要完成的任务，可以在那个时候再集思广益。

如果你总是这样发自内心地行动，即使事情最终不如愿，你也不会放不下。做了你该做的事，就不会有遗憾。

一个人的能力是有限的。在开始做一件事之前，你可以精打细算、深思熟虑，但结果可能不会尽如你所愿。所以，相信自己去行动就好。

当你正视问题时，你就会发现需要解决或纠正的问题的关键。

说到底，遇见问题并解决问题比事先再三思考之后才付诸行动能够更快地达到目的。

不是思考之后再行动,
边跑边想,边试边想,
这才是最快的成事的方法。

37

**当你遵从自己的内心时,
不需要的奢侈就自然消失了。**

你唯一能带走的,
只有今生美好的回忆。

当你相信自己的内心时,会发生几件事。

其中之一就是,你可以扔掉越来越多的你不再需要的东西。

这是因为你遵从内心,更清楚自己在追求什么。你更能够区分什么是你需要的,什么是你不需要的。

需要什么,不需要什么,包括你的思维方式、工作、金钱、人际关系等。

就我而言,家里的"私人物品"每年都在减少。我希望有人来我家做客,所以我家会多备一些碗筷和麻将桌,但没有昂贵的珠宝。

我有很多机会在家里举办活动,所以我一直在努力减少家里不必要的东西。事到如今我只有一张床。

我喜欢这样,因为没有多余的东西,房间很容易保持干净。

我认为奢侈并不是一个人的事,无论是好吃的还是好玩的,与人分享才有趣。分享的人越多越好。

没有什么比做一件自己真正喜欢的事情更令人愉悦的了。

对我来说,最愉悦的时刻就是我与亲近的人交谈的时刻，或者是我与远道而来的人共度时光的时刻，还有策划一项新活动的时刻，等等。

当我度过如此激动人心的时光时，我不禁要问，奢侈的意义何在？

我能带走的，唯有我今生的愉快回忆。当这样想的时候，我就可以扔掉越来越多不需要的东西了。

相反地，如果我们保护的东西越多，我们的判断力就越迟钝，就越害怕失去它们，就越无法行动。

当你丢弃的东西越来越多，你就会越来越清楚自己想要什么。

如果你进入了守卫模式，一定要尝试扔掉一些东西。

比如，如果你有多年不穿的昂贵服饰，建议你现在就扔掉，或者捐赠给他人。

敬请放心，如果你把它们扔掉，肯定会有新的进来。

试图保护才会让你更加焦虑。

相反，如果你扔掉了不必要的

东西,
新的东西就会进来,你的内心就会兴奋起来。

38

**什么都可以，
试着坚持做一件事。
习惯会改变你，
它会赋予你神秘的威严。**

对别人有没有用处并不重要，重要的是坚持做下去。

第 7 章 随心所欲地生活

作为"爱管闲事协会"活动的一部分,我们每周日上午都会去捡垃圾。

我们会聚集在协会所在地中野(注:东京都的一个地区,位于新宿的西边),与志愿者一起捡拾垃圾。

我们每周都这样做,已经坚持了大约 6 年时间。最近,奇怪的事情开始发生了。

当我们到处捡垃圾时,发现地上没有垃圾了。

我为此展开调查,并找到了原因。

原来商业街的人们开始雇人打扫卫生了。

这是我们活动开展了 6 年之后发生的事情,我们对此感到非常高兴。

俗话说"坚持就是力量",持续地开展活动真是一件好事,它可以对你周围的人产生影响。最重要的是,它可以成为你自身状况的晴雨表,了解自己的状态和增强自己的意志力。

坚持做一件事,无论什么都可以。

例如,我一直在坚持做的一件事就是每天早晨拍一张日出的照片,并发布到社交媒体上。

之前我偶然上传了一张日出的照片,有人说很美。于是我决定改天再拍一张,就这样我已经拍了好几年了。

老实说,有时候早起我觉得很困,这个行为也并没有直接帮助到任何人。

但我认为,重要的是要决定"即使犯困,我也要坚持",并坚持做下去,使之成为一种习惯。

坚持做一件事的人有一种神奇的威严。

那一定是他们坚持做一件事的骄傲和自信。

但它不会在几个月内出现,至少应该坚持几年。如果可能的话,坚持做上10年,这就会成为你独特的个性。

坚持早起也可以,坚持足底按摩也罢,抑或是写博客等,什么都可以。

有没有帮助到别人并不重要,只要你坚持做你自己决定做的事情就好。

当你持之以恒,就会发现,这个习惯会为你建立起意想不到的联系,也会有人为此感到欣喜。

这会给你带来一种独特的自信,支撑着你。

第7章 随心所欲地生活

坚持能提升一个人的价值。
如果一件事你能坚持做 10 年,
任何事情都会给你带来自信。

39

**要"敢说,敢看,敢做",
不要把自己的感受憋在心里,
要付诸行动。**

感到厌倦,是因为你迎合外界而隐藏了真实的自己。

第 7 章
随心所欲地生活

有一件事我坚信不疑,并实践了几十年。

那就是:"敢说,敢看,敢做"。

如果我有想做的事或想提的建议,我会大声说出来。

如果有想去的地方或想见的人,我会毫不犹豫地去见他们。

我不会考虑自己是否能做到,而是直接去做。

这个习惯帮助我度过了人生中的许多紧要关头。

最好不要考虑周围的氛围而变得拘谨和矜持。你之所以矜持,可能是因为害怕被拒绝,或者不想让自己看起来像个奇怪的人。但如果你怀着试试看再说的心态生活,那就没什么好担心的了。

别人拒绝了你的一个提议,并不意味着他拒绝了你的存在。如果别人认为你"怪异",那只是你的存在方式与众不同,并不可耻。

相反,这是一件非常好的事情。你有什么好隐藏的呢?

如果你说了,去尝试了,但没有成功,你可以说"哦,我明白了"或"对不起,我事先并不知道",然后忘掉它,继续做下一件事。

久而久之你就不会再觉得尴尬了。

最终，我所做的一切都归结为"敢说，敢看，敢做"。

和蔼可亲、顾及他人的感受很重要，但在某种意义上，强硬果敢也很重要。

如果你是一贯谨慎矜持的人，请不要隐瞒自己的感情，不要隐藏自己的真实想法，试着说出自己想要的东西，请注重把你的想法用语言表达出来。

把自己的想法用语言表达出来，你的认识就会变得更加清晰。大部分人已经够含蓄了，所以还是把自己的"喜欢"和"不喜欢"说得清楚一点比较好。

这样，就更容易把喜欢的东西集中到自己的周围。

你会感到疲惫，是因为你在隐藏自己的真实感受，并小心翼翼地对待他人。如果你表露自己的感受，然后再为他人着想，就不会感到疲惫了。另外，也不必墨守成规。

只需按照你心中所想去做。这就够了。

第7章 随心所欲地生活

说出你内心的愿望,试着付诸行动。
如果你随心而动,不墨守成规,就不会感到疲倦。

结语

在地球上存在的时间是有限的，我们要不留遗憾地生活

我们活着就是为了做自己内心想做的事。

到 2024 年，我已经 82 岁了。

我仍然打算精力充沛地生活下去，但为了避免留下什么遗憾，我喋喋不休地讲述了这样那样的事情。

随着年龄的增长，我在如何与自己相处、如何与他人相处方面遇到的麻烦也越来越少，渐渐地，我对自己想做什么、想告诉人们什么有了更加清晰的认识。

多亏周围的人的支持，至今我这辈子想做的事都做了，当然我想我也给周围的人惹了不少麻烦，但无论怎样，现在我想在时间允许的情况下，把我的收获尽可能多地回馈给社会。

世界上有些人对生命感到绝望，看到这些人时，我真的会很难过。

当我看到人们相互争吵，说着无情的话做着无情的事，内心感到孤独时，我无法视而不见。

我希望人们能越来越多地倾听自己的内心。

人并非为了绝望而来到这个世上。

每个人都有希望，我希望大家可以记住，只要有希望，就能做到任何想做的事，生活会变得越来越有趣。

我们生活的目的，就是做我们内心想做的事。

我相信,我们的人生就是为了过这种生活:我们按照内心深处的意愿做每一件想做的事,做到人生无悔。

而人生已经为此准备好了际遇和机遇。

现在就看我们能否听从自己的内心,从而实现这一点了。

人死后会去哪里?我们会转世投胎吗?我不知道我们会不会变成什么东西,鬼魂、外星人,或者什么都不是,但无论如何,我们的生命只有一次,在地球上存在的时间看似长久实则短暂。

我将全力以赴地度过余生,让自己不留遗憾。你读到这本书也是一种缘分。

我鼓励你也这样做。

我衷心希望你的心中和生活中会有越来越多的希望之光。

更多、更多、更多地倾听你的心声,按照自己的内心去生活吧。